L'essentiel est invisible pour les yeux

Marylène Désiré

L'essentiel est invisible pour les yeux

LE LYS BLEU
ÉDITIONS

ISBN : 979-10-377-8294-6

À mon père

L'espoir vaincu pleure, et l'angoisse atroce, despotique, sur mon crâne incliné, plante son drapeau noir.

Baudelaire

D'où vient-elle cette angoisse, tapie au fond de moi ? Celle qui me glace, me fige, m'entraîne vers le fond. Celle qui me ronge et me dévore. Cette angoisse « atroce, despotique », comme la décrivait Baudelaire, qui, tel un tyran, me gâche la vie. Elle est tapie en moi comme une bête sauvage, indomptable, imprévisible comme le vent, comme l'ouragan. Quand elle arrive, un soir ou un matin, ce tsunami dévaste tout sur son passage.

Elle s'infiltre en moi, elle m'attaque, elle me submerge et m'engloutit. Elle m'enferme et m'écrase. Elle m'étreint et m'étouffe. Elle me colle à la peau et je ne peux pas m'en débarrasser.

Je la porte en moi, dans mon corps et dans ma tête. Elle me prend à la gorge et elle m'empêche de vivre. À cause d'elle, je suis spectatrice de ma propre vie au lieu d'en être l'actrice. L'angoisse est une maladie chronique qui surgit par crise. Elle dresse une barrière entre moi et le monde. Elle m'isole. Elle me brûle. Je me rétracte et je m'exclus. Elle m'asphyxie, j'ai l'impression de me débattre dans des sables mouvants, telle une boue dans laquelle je m'enfonce avec le sentiment que le malheur m'attend, que le pire est toujours possible. Elle m'emprisonne et empoisonne mon esprit.

Se loge-t-elle au plus profond de mes cellules, dans mon ADN ? Vient-elle des chagrins de ma vie ou de mes ancêtres ? D'où nous vient ce que nous sommes ? Les blessures de nos ancêtres ont-elles laissé des cicatrices dans nos gènes qui se transmettent de génération en génération comme le pensent les psychogénéalogistes ? Nous portons tous en nous les mémoires transgénérationnelles qui, tel un sac à dos, parfois lourd à porter, nous viennent de notre famille. Ces bagages familiaux, les maladies, les comportements influencent nos vies, car nous héritons de leur mémoire inconsciemment, dans notre corps et dans sa structure, notre ADN. C'est tout un code génétique d'émotions et de mécanismes inconscients qui sont installés en nous et qui ont une incidence sur nos vies, parfois bénéfiques, mais qui peuvent aussi générer des blocages, des peurs, des maladies. Ces traces inscrites dans notre ADN ont une influence sur nos choix de vie et notre comportement. Les souffrances et les colères se transmettent-elles de génération en génération ? Cette angoisse que je ressens, parfois sans véritable raison, je ne sais pas vraiment d'où elle me vient. C'est une émotion très particulière. Elle se différencie de la peur, de la crainte, de la terreur et de l'effroi qui sont passagers. La peur est une réaction normale qui nous saisit face à un danger précis, réel et nous permet aussi d'y échapper. L'angoisse, plus profonde, plus diffuse, souvent muette, se manifeste sans objet déterminé, ou avec des objets changeants, comme une sorte de vertige indéfini, destructeur.

Baudelaire, dans une lettre à sa mère en décembre 1857, décrit ce qu'il ressent : « Ce que je sens, c'est un immense découragement, une sensation d'isolement insupportable, une peur perpétuelle d'un malheur vague, une défiance complète de mes forces, une absence totale de désir, une impossibilité de trouver un amusement quelconque. »

L'angoisse, comme un resserrement au niveau de la gorge nous étouffe, nous étrangle comme un étau, nous renvoie à des affects qui s'écartent du fleuve de la vie, « elle vient interrompre anormalement le cours du fleuve de la vie » selon Freud. Selon lui, c'est « l'affect des affects », la pire des émotions. Elle arrive comme un cheveu dans la soupe qui vient gâcher le moment présent. Elle se manifeste de façon physique avec des fourmillements, comme une décharge motrice, avec un sentiment d'impuissance et que ça ne finira jamais. La crainte d'exister, un manque, la sensation du néant et de la mort inévitable, c'est la condition humaine : l'angoisse de vivre, de faire des choix, l'angoisse de mourir. « Il y a toujours quelque chose d'absent qui me tourmente », disait Camille Claudel, une sculptrice géniale, qui passera une grande partie de sa vie dans un asile. L'angoisse l'a fait sombrer dans la folie. Les êtres les plus sensibles sont aussi les plus vulnérables. Edvard Munch, un peintre norvégien né en 1863 et mort en 1944, nous montre l'horreur de l'angoisse dans son célèbre tableau « le cri » peint en 1893, symbole de l'angoisse existentielle, du mal-être. « J'étais déjà un être malade en venant au monde… L'angoisse de la vie me poursuit depuis ma naissance. Mon art a été une suite d'appels désespérés émis par l'opérateur d'un navire en perdition », dit-il. Il s'identifie à ses tableaux, il y montre son « âme écorchée par la vie », comme il l'écrit, une vie parsemée de maladies et de malheurs. Il transforme sa douleur en force créatrice, la nature est présente dans ses œuvres. Les tableaux de Vincent Van Gogh sont aussi empreints de son angoisse et de son esprit tourmenté. Plus légèrement, Agnès Varda évoque aussi l'angoisse dans son film sorti en 1962 « Cléo de 5 à 7 » quand l'héroïne du film, qui a peur d'être gravement malade, dit : « J'ai peur de tout, des oiseaux, de l'orage, des ascenseurs, des aiguilles et puis maintenant, j'ai peur de mourir ». Et si l'angoisse est universelle, ancestrale, qu'elle existe depuis la nuit des temps, aujourd'hui elle est exacerbée chez beaucoup d'entre nous, car nous sommes confrontés à des crises qui secouent le monde, à des problèmes inquiétants dans de nombreux domaines, notamment environnementaux, sociaux et financiers. En mars 2022, la guerre est déclarée aux portes de l'Europe, en Ukraine contre la Russie. La menace nucléaire existe, même si l'arme atomique est censée n'être que dissuasive. Les incendies sont de plus en plus fréquents et dévastateurs. Des événements sidérants, de plus en plus nombreux, sonnent comme autant d'alarmes. Comme si notre monde était soumis à des menaces de plus en plus terribles.

Un mystérieux virus, apparu en 2019, pouvant provoquer une maladie potentiellement mortelle, plonge le monde dans l'effroi. « Nous sommes en guerre contre un ennemi invisible, insaisissable qui progresse », nous a affirmé Emmanuel Macron quand il a annoncé à la télévision le premier confinement le 16 mars 2020. La guerre, la vraie avec son cortège d'horreurs, arrivera deux ans plus tard en Ukraine, alors que le virus circule toujours, les vagues de l'épidémie se succèdent et personne ne sait quand cela s'arrêtera. Ce virus désorganise la planète, n'épargne aucun pays et nous montre la vulnérabilité de l'homme qui, malgré ses connaissances et le progrès technique, semble fragile. Le ressenti de cette fragilité touche davantage certaines personnes. Et chaque époque a ses angoisses. Mais aujourd'hui, ce virus n'est-il pas le voyant rouge, la sonnette d'alarme qui vient nous avertir que le monde ne tourne pas rond, que l'humanité a choisi une voie qui la mène à sa perte en polluant et en dilapidant les richesses de la terre ? Ce virus nous révèle que l'état de santé du monde se détériore et nous montre que nous devons changer notre façon de vivre avant qu'il ne soit trop tard.

Mais mon angoisse ne vient pas de notre époque tourmentée, je la porte en moi depuis toujours, depuis ma naissance je crois, même si elle s'intensifie aujourd'hui avec la sensation que le monde se dégrade. Elle est enfouie quelque part dans mes chromosomes, dans mon ADN, au plus profond de mes cellules et je sais qu'elle me vient aussi de toi.

Mon père, ce héros au sourire si doux.

Victor Hugo

Nous nous ressemblons tellement. La ressemblance physique est frappante : mêmes cheveux bruns, mêmes yeux marron, même bouche assez petite et même menton un peu pointu, même petite taille, et tous les deux nous avons une bosse sur le nez, cette bosse qui m'a longtemps désespérée, qui n'est pas due à la génétique, mais à un accident. Pour moi, c'est une chute, j'étais à l'école primaire, un jour où la neige avait rendu le sol glissant et que je suis tombée. Pour toi, je ne sais pas ce qui a provoqué ce nez aquilin, je ne te l'ai jamais demandé, encore une question que je regrette de ne pas t'avoir posée. Mais surtout, tous les deux, nous portons en nous cette inquiétude lancinante et cette même timidité maladive. Toute ta vie, je t'ai vu te préoccuper pour toutes sortes de raisons : ta santé, ton travail, notre santé, celle de ta famille, notre avenir professionnel…

En ce mois de juin 2020, je vais te voir l'après-midi à l'hôpital. Le matin, nous échangeons des SMS, je te demande comment tu vas et si tu as bien dormi. Le virus nous laisse un peu de répit et les visites ne sont pas interdites. Tu as eu quatre-vingt-deux ans il y a deux mois. Nous n'avons pas pu fêter cet anniversaire à cause du confinement. Nous portons le masque, nous nous désinfectons les mains, il faut maintenant adopter les « gestes barrières », le gel hydroalcoolique est partout. Je vois bien que tu te sens prisonnier dans cette chambre d'hôpital, toi qui aimes tellement ta liberté et la vie à l'extérieur. Tu dors mal. Tu souffres d'un mal dont nous ne connaissons pas la cause. Ton corps se paralyse, il te lâche. Il y a déjà quelques mois, tu nous disais « je suis en train de me paralyser ». Nous ne t'avons pas cru, nous avons mis cela sur le compte de ton pessimisme. Mais là, il faut bien se rendre à l'évidence, tu ne peux presque plus marcher. Tes jambes ne te portent plus, elles ne t'obéissent plus. Pour tenter de faire quelques pas, tu dois mettre ton pied droit dans une attelle puis dans ta chaussure. Tu prends tes béquilles, avec beaucoup d'efforts tu te lèves et tu essaies de marcher, tu dois faire des efforts surhumains pour effectuer quelques pas dans le couloir. « C'est-y pas malheureux de devenir comme ça », me dis-tu. Tu n'as pas l'habitude de parler patois, tu parles correctement le français. Mais là, dans ces moments difficiles, le langage de l'enfance revient, celui de tes parents ressurgit. Et puis, après quelques pas, tu me dis « j'arrête, ça ne sert à rien, je risque te tomber ». Alors nous retournons dans la chambre. J'essaie de te distraire, de te parler du passé. Et les souvenirs que tu me racontes, je les garde précieusement en moi comme des trésors, des pépites merveilleuses que je conserve dans un coin de ma tête. Quand on parle de ta jeunesse, tu me dis « c'était le bon temps », non pas parce que l'époque était plus facile, mais parce que tu étais jeune, que tu étais en bonne santé, plein d'énergie et d'espoir face à ton avenir. Nous avons pourtant parfois du mal à nous comprendre à cause du masque et parce que tu entends mal malgré tes appareils auditifs. Je te pose souvent les mêmes questions, comme un enfant qui veut qu'on lui raconte toujours la même histoire. Parfois, des détails oubliés reviennent enfouis au plus profond de ta mémoire, ils remontent à la surface, comme une pelote dont on tire le fil.

J'étais là quand le médecin, un jeune interne très gentil, est venu t'examiner. Il n'a pas voulu émettre un diagnostic. Savait-il de quoi tu souffrais ? Aujourd'hui, avec le recul, je pense que oui, mais il ne t'a pas dit la vérité. Il a vaguement parlé d'une maladie qui touche les nerfs. Il a dit qu'il fallait passer des examens, notamment une IRM, pour savoir de quelle maladie tu es atteint. Et, pour cela, il fallait attendre, car les services sont débordés. Le seul remède proposé est la morphine, à haute dose, pour calmer les douleurs. Tu as une pompe à morphine que tu peux activer quand tu le souhaites, quand les douleurs deviennent insupportables. « Je suis complètement shooté », me dis-tu. Auparavant, je pensais que c'était juste un problème de dos, tu avais été opéré l'année passée et je n'imaginais pas que tu pouvais avoir un problème plus grave. Mais aujourd'hui, je vois bien à quel point tu souffres et que ton état se dégrade de jour en jour. « Mes jambes me gênent », me dis-tu. Ton corps est devenu encombrant, comme un fardeau à porter, à supporter, un bateau qui prend l'eau et qui, irrémédiablement, va sombrer. L'esprit, comme le corps, lui aussi perd pied, perd ses repères et sombre. La maladie enferme dans une certaine solitude. « Il y a un coin de solitude dans chaque cœur que personne ne peut atteindre », nous dit Albert Camus. Et c'est particulièrement vrai face à la souffrance. J'ai la sensation que tu es dans un autre monde, déjà loin de moi. Tu ressens des sensations bizarres et douloureuses. Sous ta peau, tes muscles tressautent parfois. Il y a un côté qui est plus atteint, ton côté droit semble se rapetisser, ta jambe droite n'a plus de muscle. Elle devient dure, comme si la vie se retirait, comme si ton membre était en train de se fossiliser, de devenir roche, rocaille. Le médecin t'a demandé si parfois tu faisais des « fausses-routes » quand tu mangeais, j'ai trouvé la question saugrenue et incompréhensible. Quel rapport y a-t-il avec les problèmes de dos ?

Dans cet hôpital, j'ai du mal à te distraire, à te faire oublier tes idées noires. Tu me dis que tu serais mieux au cimetière. Tu dis cela sans me regarder, le regard perdu dans le vide, déjà ailleurs, inaccessible. Tu vois ton univers et ton horizon se rétrécir. Cette vie-là, faite de souffrances, tu n'en veux plus. Si ton corps ne veut plus fonctionner, ta tête et ta mémoire fonctionnent encore parfaitement. Tu as toujours été pudique, tu ne te racontais pas facilement ni spontanément. Mais quand je te sollicite, tu me parles de ton enfance, de tes parents aujourd'hui disparus, des deux années passées en Algérie en tant qu'appelé du contingent.

Vous êtes deux dans la chambre, un rideau sépare les deux lits. Plusieurs personnes se succéderont pendant les trois semaines de ton hospitalisation, dont maman venue pour une injection destinée à soigner son ostéoporose. Selon les affinités avec l'autre patient, le rideau reste ouvert ou fermé. À la fin de ton séjour, tu partages la chambre avec une personne que tu connais et, tous les deux passionnés de pêche, vous discutez. Tu retrouves un peu le sourire. Le 3 juillet, un nouveau Premier ministre est nommé pour remplacer Edouard Philippe, Jean Castex. Certains ironisent sur son nom : il va se « casser » la tête avec tous les problèmes qui l'attendent ! En mai 2022, deux ans plus tard, après les élections présidentielles et la nomination d'un nouveau gouvernement, il avouera avoir eu mal à l'estomac pendant deux ans. Ton séjour à l'hôpital s'achève, tu repars avec un traitement à base de morphine, la seule solution que les médecins te proposent face à la douleur.

Tu es soulagé de quitter l'hôpital. À la maison, maman t'aide autant qu'elle le peut. Deux ans plus tôt, elle a eu un AVC, mais a réussi à récupérer l'usage de son bras et sa main gauches. Bientôt, les béquilles ne suffisent plus, tu te déplaces en fauteuil roulant. Un dimanche, où je vous rends visite, je vous trouve en train de pleurer tous les deux dans la chambre, dans le lit. Le découragement, le désespoir sont trop forts. Je me sens tellement impuissante, que pouvais-je faire pour vous aider? Je suis triste, je vois que ton état ne s'améliore pas. Parfois, je pousse ton fauteuil pour aller d'une pièce à une autre et je te sens en rage d'être ainsi immobilisé et de devoir dépendre des autres. Je ne le saurai qu'après ta mort, mais c'est maman qui coupe ta viande lors des repas. Et un jour, tu as constaté que tu ne pouvais plus écrire. Comment accepter une telle déchéance ? Tu étais, comme moi, tellement indépendant et tu as toujours pris ta vie en main. Tu n'es plus que l'ombre de toi-même. Tu as réussi à passer l'IRM en août, mais comme ton médecin est en vacances, nous ne savons pas interpréter les résultats. J'ai lu le compte-rendu de l'examen, mais je n'ai rien compris. J'ignore donc toujours de quoi tu souffres. Je ne sais pas si toi tu le sais. Mais tu ressens bien que ton corps ne t'obéit plus, pas besoin d'examen pour cela. Tu as parlé de ta mort et cette évocation t'a fait pleurer. Malgré ton caractère inquiet, tu aimais pourtant la vie, tu étais un épicurien, tu profitais de tous ses plaisirs et de devoir y renoncer, cela te rendait très malheureux. Tu as toujours beaucoup travaillé et aujourd'hui, avec une retraite confortable, tu pourrais être heureux sans la maladie. Mais cette existence que ton corps t'inflige, cette vie rétrécie faite de souffrances et d'enfermement, tu ne la supportes plus. Tu implores la mort en même temps que tu la redoutes et que tu regrettes de quitter ce monde.

Tu as aussi parlé de ta mère qui a fini ses jours à l'hôpital. « Je regrette de l'avoir mise à l'hôpital. Ils ont prolongé sa vie de façon inhumaine. Je ne veux pas que l'on m'inflige cela. Je ne veux pas finir ma vie à l'hôpital, je veux rester chez moi. » Maman t'a rassuré, t'a promis que tu resterais à la maison, que si pour elle c'était trop difficile, elle prendrait quelqu'un pour l'aider. Cela t'angoisse de devoir aller dans un établissement de santé. Un médecin t'avait dit, maladroitement, « Maintenant, pour vous, il n'y a plus que la gériatrie ».

En ce dimanche 6 septembre 2020, je me réveille avec un malaise diffus et inexplicable, comme si j'avais un caillou dans ma chaussure qui me gêne et m'empêche de marcher. Je me sens mal toute la journée, le temps est gris, sombre alors que les jours précédents il faisait très beau. Je me dis que le temps agit sur mon moral. Je culpabilise, je me dis que je devrais aller vous voir, comme je le fais régulièrement, même si c'est douloureux de te voir souffrir. Je me sens si triste. Je reste chez moi et je fais du ménage. J'ai mis au four, pour les faire sécher, des feuilles de sauge de mon jardin, pour faire des tisanes pendant l'hiver. J'écoute le concert sur Arte. Le requiem de Verdi est diffusé ce jour-là. La tristesse de la musique est en accord avec mon état d'esprit. Des passages sombres, lugubres, terribles et empreints de désespoir alternent avec des moments plus lumineux. La mélodie est bouleversante et poignante.

Vers 18 heures, le téléphone sonne. J'ai un mauvais pressentiment. Je réponds. Je reconnais la voix de mon frère. Je devine tout de suite qu'il s'est passé quelque chose de grave. Il m'annonce les faits brutalement : « papa s'est suicidé, il s'est tiré une balle dans la tête ». Je voudrais ne pas y croire, me dire que c'est un cauchemar et que je vais me réveiller. « C'est pas vrai ? » Je lui pose cette question idiote. L'annonce est si violente que j'ai du mal à l'assimiler. Mais je sais bien que c'est la triste vérité. « Si », me répond-il. Une douleur intense m'envahit, indicible, qui ne peut s'exprimer que par un cri. J'ai crié, hurlé, un long cri, plusieurs cris, un cri pathétique et pitoyable de bête, de folle, un cri qui sort des entrailles, du tréfonds de mon être. Comme tes deux chiennes qui, je l'apprendrai plus tard, ont entendu la détonation, ont compris ce qu'il s'était passé, ont hurlé pendant de longues minutes et ont frappé le grillage avec leurs pattes. Ce sont les voisins qui l'ont dit à maman, car, sidérée, bouleversée par ce qui venait de se produire, elle n'a rien entendu. D'ailleurs, tes deux chiennes ne mangeront pas pendant trois semaines, preuve de l'intelligence émotionnelle des animaux et de l'affection qu'elles te portaient. Je ne peux pas parler, le monde s'effondre, le sol se dérobe sous mes pieds, je me sens mutilée, comme si on m'avait coupé un bras. Je n'arrive pas à croire que tu es parti de cette horrible façon. Je ressens un immense vertige devant le vide béant, l'abîme de la séparation et de l'absence définitive devant le « plus jamais ». Je ne te reverrai plus jamais, je ne t'avais pas embrassé depuis longtemps à cause du virus, je ne t'embrasserai plus jamais. Nous ne partagerons plus jamais un repas, nous ne discuterons plus. Tu es parti pour toujours, disparu à jamais. Un chagrin inouï me submerge, j'ai l'impression de devenir folle, de perdre mon souffle. C'est comme un couperet qui tombe, irrémédiable, irréparable. Quand j'arrête enfin de crier, mon frère me dit que les gendarmes sont là et qu'il va y avoir une enquête. Même si je comprends ton geste, je ne peux pas m'empêcher de t'en vouloir : tu es parti brutalement sans me dire au revoir. Mon frère m'explique brièvement ce qu'il s'est passé : ma sœur et son ami étaient là. Tu as demandé à aller aux toilettes dans la petite chambre du sous-sol alors que vous étiez tous les quatre dans le jardin avec maman. Maman a poussé ton fauteuil jusqu'à la chambre et est retournée dans le jardin pour aider ma sœur et son ami à mettre une petite table dans la voiture de ma sœur. Il fallait faire de la place pour que ton fauteuil passe dans le couloir de la maison, un meuble gênait le passage, maman voulait mettre le meuble dans la salle à manger à la place de la petite table. Quand ils ont entendu la détonation, ils se sont précipités et ont découvert un spectacle d'horreur dans la petite chambre du sous-sol où tu t'es donné la mort avec un fusil de chasse. Je me sens mal, je dis à mon frère que je vais venir.

Je suis en état de sidération. À la suite de ce choc, mon jugement se trouve comme engourdi, paralysé, tétanisé. Cela me paraît inintelligible et incompréhensible. J'ai l'impression de me rigidifier, de me figer et d'être bloquée dans mes fonctions organiques et psychiques. Happée par cet événement tragique, je ne peux en détourner mon regard et je reste cloîtrée dans l'instant, incapable de me projeter. Le chaos surgit, je perds mes moyens et j'ai l'impression que tout s'effondre autour de moi. Est-ce vraiment moi qui me prépare et qui pars ? Votre maison se situe à une demi-heure de route en voiture. Je ne peux toujours pas croire à ce qui vient de se passer. Quand j'arrive, plusieurs voitures de la gendarmerie sont stationnées devant la maison. Toi, tu voulais toujours rester discret, ne pas te faire remarquer. Les gendarmes sont dans la chambre du sous-sol et examinent les lieux. À l'étage, ma mère, ma sœur, ma tante qui habite tout près et qui est venue sont en larmes. C'est ma sœur qui est entrée la première dans la chambre, suivie par ma mère. Elles me racontent tes derniers moments. Vous étiez dans le jardin. Ma sœur a poussé ton fauteuil. Tu as souri. « C'est agréable ce petit vent frais, as-tu dit, cela fait du bien de sortir ». Ton dernier moment de petit plaisir, le vent frais qui caresse ton visage. Puis tu as demandé à aller aux toilettes. Maman a poussé ton fauteuil jusqu'aux toilettes de la petite chambre du sous-sol. Elle est retournée dans le jardin et quelques minutes plus tard, une détonation sourde retentissait. Dans la chambre, un spectacle d'horreur les attend. Avec le recul, je pense que tu as bien préparé et réfléchis à ton départ. La vie t'était devenue insupportable. Tu étais déterminé à en finir. Mais les événements de ta dernière nuit ont peut-être précipité les choses. Maman me raconte : vers quatre heures du matin, tu ne pouvais pas dormir, tu as voulu aller aux toilettes, un W.-C. sommaire installé dans la chambre. Tu es tombé et tu n'as pas réussi à te relever. Malgré ses efforts, maman n'a pas réussi non plus. Elle a appelé sa sœur qui habite tout près. Toutes les deux ont pu te remettre dans ton lit. À nouveau seuls, ivre de désespoir, les yeux exorbités, tu as dit à maman : « donne-moi mon fusil que j'en finisse ». Tu étais chasseur et tu avais plusieurs fusils. « Ah non, tu ne ferais pas ça quand même », a répondu ma mère en pleurant. Tu n'as rien répondu. Mais à mesure que la déchéance physique s'aggravait, tu perdais ta dignité, ta fierté d'homme. Tu ne pouvais plus le supporter. Ma mère, qui avait mis les fusils dans la petite chambre du sous-sol, pensait les avoir mis à l'abri de ton regard. Et, sans le savoir et sans le vouloir, c'est elle qui t'a conduit vers la mort. Comme un leitmotiv, elle répète « je pensais avoir enlevé toutes les cartouches ». Plus tard, elle comprendra. Parfois, après la mort, nous comprenons des choses que notre esprit ne voyait pas auparavant, comme si tout s'éclairait subitement. Maman avait bien enlevé toutes les cartouches qui traînaient dans le sous-sol et dans la voiture. Mais c'est probablement toi qui en avais mis une de côté dans l'étui où tu rangeais ton fusil. Peut-être le jour où, plusieurs mois avant ta mort, tu avais nettoyé ton fusil. Quelques jours avant, tu étais allé à la chasse avec un ami, tu étais tombé et tu n'avais pas pu te relever. Ton ami t'avait ramené sur son dos. Ce jour-là, tu as dû comprendre que tu avais quelque chose de grave. Probablement, depuis longtemps, tu avais prévu d'en finir si ton état se dégradait trop. D'ailleurs, nous l'avons appris après ta mort, tu en avais parlé à tes amis en leur disant que tu ne continuerais pas à subir cette vie, que tu trouverais la solution. Tu as choisi la solution infaillible. J'ai demandé au policier présent le jour de ton décès comment tu avais fait pour te donner la mort. Sans me dire un mot, avec son doigt il a montré son front et j'ai lu, plus tard, dans un article de journal, la façon dont Ernest Hemingway s'est suicidé. Lui aussi chasseur, il a probablement eu les mêmes gestes. Comme il en faut du courage pour caler la crosse du fusil sur le sol, appuyer le canon sur son front et actionner la détente. Je ne te croyais pas capable de ce geste. Ton désespoir devait être intolérable. J'ai toujours envie de crier, mais mon cri reste intériorisé, je dois contenir l'impression de folie qui me submerge. J'entends, je vois, mes sens fonctionnent, mais j'ai l'impression d'être ailleurs.

Mon autre sœur qui habite Paris est arrivée, elle a fait le trajet en voiture dès qu'elle a appris la nouvelle. Nous pleurons.

« Le sommeil ferme les yeux du chagrin », dit un personnage de Shakespeare dans *Un songe d'une nuit d'été.* « Rarement, le sommeil visite le chagrin, quand il daigne le faire, c'est un consolateur tout puissant. » « Et toi, sommeil, qui parfois ferme les yeux de la douleur, dérobe-moi un moment à ma propre société ! » Mais le sommeil ne m'a pas consolé la nuit après ton décès. Les pensées ont tournoyé dans ma tête. Mon chagrin est resté les yeux grands ouverts toute la nuit et je n'ai pas pu dormir. Je me réveille avec le visage déformé par la douleur. Ma peau est toute flétrie, comme si les larmes versées et ma peine avaient desséché ma peau. Aujourd'hui, le temps est magnifique, bien différent d'hier. Le ciel est bleu, couvert de beaux nuages blancs tout cotonneux. Le soleil brille de façon insolente, il se fiche de ma douleur. J'aurais préféré que les éléments se déchaînent, qu'une tempête emporte tout sur son passage, plutôt que ce temps calme et serein. Comme tous les matins, je vais dans le jardin. Les fraisiers que j'ai plantés font des tiges qui, tels des cordons ombilicaux, font repousser d'autres petits fraisiers. Je trouve cela presque miraculeux que mes fraisiers se reproduisent. La terre procure un sentiment de sécurité et d'harmonie. Le jardin, c'est la vie, même si c'est une consolation bien dérisoire. Je suis déçue de ne pas avoir de fraises, car il n'y en a aucune, les fraisiers préférant se reproduire. Quand je t'avais fait part de ma déception, tu m'avais dit « tu en auras l'année prochaine ». Je ne le savais pas à ce moment-là, mais tu avais raison. J'en prends donc soin en espérant qu'ils me donneront un jour de belles fraises. Surtout, j'ai besoin de m'occuper, même si j'agis comme un automate. Mon esprit, déconnecté, ne répond plus, c'est mon corps qui décide. S'il veut pleurer, il pleure, s'il a faim, je le nourris. J'ai le sentiment étrange de ne plus adhérer au réel, comme s'il faisait partie désormais d'une autre dimension, de flotter à la surface du monde comme une chaloupe à la dérive, après un tsunami dévastateur qui m'a projetée en tous sens dans un océan déchaîné. Pleurer, sombrer, mais manger quand même, la vie est plus forte.

Même si elle n'a plus de saveur ni de couleur. J'ai fait naufrage dans un océan de larmes et de chagrin. Comme si c'était la fin du monde. « Le monde sombre dans un gouffre dont aucune mémoire – même si nous gardons la mémoire, et nous garderons la mémoire – ne pourra le sauver », écrit Derrida. Pourtant, je ne peux pas sombrer complètement dans le chagrin, je dois mettre un masque afin de ne pas avoir le visage déformé par les pleurs et avoir une apparence acceptable, car l'après-midi nous devons préparer les obsèques.

Maman et toi aviez décidé de vous faire incinérer. Avec mes deux sœurs et ma mère, nous nous rendons à l'agence des pompes funèbres. Nous devons choisir le cercueil, le tissu qui en tapissera l'intérieur, la croix. Je demande si c'est possible de « réparer » ton corps pour te voir une dernière fois. Mais non, ce n'est pas possible. Il vaut mieux que je garde de toi une belle image, plutôt que ce corps mutilé. Je m'en doutais. Je ne te reverrai plus. Nous pleurons. Ma mère répète comme un leitmotiv en s'adressant à toi : « mais qu'est-ce que tu nous fais faire ? Pourquoi as-tu fait cela ? » Il faut aussi rédiger l'annonce des obsèques qui paraîtra dans les journaux locaux. De retour à la maison, maman trouve la force d'appeler la famille et les amis pour leur annoncer la nouvelle de ton décès. Elle prend son carnet dans lequel les numéros sont notés et les appelle les uns après les autres. Certains lui répondent d'une voix enjouée quand elle se présente « Ah Jacqueline ! ». Puis le ton change quand elle explique les raisons de son appel. Que dire ? Comment nous réconforter ? Il n'y a rien à dire, rien à faire face à un tel drame.

De retour chez moi, le soir, je repense à tes derniers instants. Quelle souffrance, quelle solitude extrême tu as dû éprouver en ce moment ultime où tu as décidé d'en finir avec cette vie, de quitter ta famille, tes amis ! Je m'en veux. Je me dis que si j'étais allée te voir ce jour-là, tout se serait peut-être passé différemment. Je voudrais réécrire l'histoire de ton dernier jour. C'est moi qui t'aurais accompagné aux toilettes. Et, comme je ne m'entends pas avec ma sœur – elle a des réflexions malveillantes, me reprochant de ne pas avoir d'emploi en ce moment, me traitant à mots couverts de fainéante – je serais restée avec toi, je t'aurais attendu, assise sur le lit de la petite chambre du sous-sol. Tu n'aurais pas pu mettre fin à tes jours. Et puis, pourquoi n'avons-nous pas enlevé tous les fusils ? Pourquoi ne pensons-nous pas au pire ? J'ai toujours eu horreur des armes à feu. J'aurais voulu que tu partes autrement, en douceur, pas de cette façon si terrible. J'aurais voulu te sauver. Mais, pour te sauver, il aurait fallu que tu guérisses de cette maladie dont, à ce moment-là, je ne connais pas encore le nom.

La nuit suivante, je réussis à dormir un peu. À mon réveil, il fait beau, le soleil brille. Je rédige, en pleurant, un petit texte qui sera lu à l'église lors de la cérémonie religieuse. Sans être vraiment pratiquants, la religion reste présente dans nos vies pour les événements importants. Quand j'arrive chez ma mère, maintenant tu n'es plus là, je ne dirai plus « chez mes parents », mon frère cherche les fusils qui restent dans la maison. Celui que tu as utilisé est entre les mains de la gendarmerie. Il y en a deux sur l'armoire de la salle à manger, dont un qui a appartenu à mon grand-père maternel. Ils ne fonctionnent plus, ils sont trop vieux. Mon frère veut les emporter, mais ma mère souhaite les garder. Elle ne veut pas qu'on enlève toutes tes affaires, c'est trop tôt. Puis Françoise arrive pour préparer la cérémonie religieuse. Maman la connaît bien. Tu allais travailler dans la ferme qu'ils possédaient avec son mari, aujourd'hui décédé. Tu étais inséminateur ou plutôt technicien d'insémination comme on dit aujourd'hui. Elle non plus ne peut pas croire à ton suicide. Elle garde de toi le souvenir d'un homme bon vivant et très gentil. Elle travaillait avec son mari agriculteur qui a eu une sclérose en plaques. Comme Françoise et comme beaucoup de femmes à cette époque, maman travaillait avec toi. C'est elle qui fixait les rendez-vous au téléphone quand les clients appelaient. Elle était une sorte de secrétaire, travail pour lequel elle percevait une petite rémunération. Souvent, elle partait avec toi sur les routes de campagne pour remplir « les papiers » dans la voiture. Aujourd'hui, c'est sur un ordinateur que l'on note tous les renseignements sur la semence utilisée, les références de la vache… Mais à cette époque, c'était sur un carnet, avec des carbones pour avoir plusieurs exemplaires, que l'on notait les informations qui serviraient aussi à ta rémunération. Tu travaillais tout le temps, tous les jours, même le dimanche matin, parfois jusqu'à une heure avancée de l'après-midi. La semaine passée, vous aviez fait le tri dans les documents relatifs à ton travail pour les jeter. Tu avais pris ta retraite depuis plus de vingt ans, mais tu avais tout conservé. Maman, relisant une des lettres de ta hiérarchie, t'avait dit « Tu vois, tu étais le meilleur ! ». C'est vrai, souvent, tu obtenais les meilleurs résultats du département. Après l'évocation de ces souvenirs, nous commençons à préparer la cérémonie. « Ce sera une bénédiction », dit Françoise. « Seulement une bénédiction ? » demande ma mère déçue. Ce sera moins long qu'une messe « normale », ça durera 30 à 40 minutes. Pendant longtemps, l'Église catholique a refusé d'effectuer les obsèques des suicidés. Nous choisissons les textes, les chansons. Je donne le texte que j'ai préparé. C'est Françoise qui le lira, j'en serais bien incapable, les mots s'étrangleraient dans ma gorge. « Et dire qu'il y a presque 59 ans, nous préparions notre mariage dans la joie ! » se souvient maman. Vous vous êtes mariés le 4 novembre 1961. Ce jour-là, il neigeait. Maman se souvient : « Je suis la seule, avec ma petite robe de mariée toute légère, en dentelle, à ne pas m'être enrhumée ! ».

Le cimetière est juste à côté de la maison, mais il n'y a pas de place pour y déposer tes cendres. Il fallait réserver l'emplacement, ce que vous n'avez pas fait. En attendant, l'urne sera déposée sur la tombe de tes parents située dans une commune proche à quelques kilomètres. Il faudra attendre quelques mois avant que le monument ne soit construit. Tu n'as survécu que sept ans à ton père qui a vécu jusqu'à 101 ans. Ta mère a vécu jusqu'à 91 ans. Tu es mort plus jeune qu'eux.

Le vendredi 11 septembre a lieu la cérémonie religieuse et l'après-midi la crémation. Dans l'église, il y a plein de monde, de la famille, des amis, des personnes que je n'ai pas vues depuis longtemps. Beaucoup de fleurs ont été déposées autour de l'autel. Malgré mon chagrin, j'essaie de ne pas me laisser submerger par la tristesse. Je repense à ton amour de la vie, tu n'aurais pas voulu que je sois triste. Mais nous ne pouvons pas nous empêcher de pleurer. Je t'envoie un message d'amour et j'espère que tu le reçois. « Papa, tu aimais la vie. Tu aimais tes enfants et tes petits-enfants. Tu aimais les repas en famille ou entre amis. Tu aimais la pêche, la chasse, qui était surtout l'occasion de promener tes chiens. Tu aimais t'occuper de ton jardin. Alors, si tu as décidé de quitter cette vie que tu aimais tant, c'est qu'elle était devenue insupportable. Tu ne supportais plus la souffrance physique et morale que la maladie t'infligeait. Une telle vie, ce n'est plus une vie. Malgré nos efforts, surtout ceux de maman, nous avons été impuissants face à cette souffrance. Nous t'aimons et nous t'aimerons toujours. Nous ne t'oublierons pas. Nous espérons que, là où tu es, tu es en paix ». Après la cérémonie religieuse, nous déjeunons avec la famille proche. Tu étais fils unique. Les deux sœurs de maman sont là avec leurs enfants. Puis nous partons pour la crémation. Plusieurs chansons que nous avons choisies sont diffusées. « Quand on n'a que l'amour » de Jacques Brel notamment. Le samedi matin, l'urne contenant tes cendres est déposée temporairement sur la tombe de tes parents. Les fleurs sont disposées tout autour, c'est très beau, il y a plein de couleurs. Le temps est encore magnifique.

Ta mort ne m'empêche pas de continuer à t'aimer. Bien sûr, ce n'est plus pareil, ton corps physique n'est plus là. Et puis, il faut faire taire les regrets et les remords. Je ne t'ai pas assez rendu visite, je n'ai pas su te dire que je t'aimais. Nous étions trop pudiques pour nous dire ces choses-là. Parfois, nous nous sommes disputés. Au leitmotiv du « plus jamais » cohabite celui du « pas assez ». Je n'ai pas été assez là pour toi, j'ai manqué des choses et la mort m'empêche de les réparer. Je ne t'ai pas assez questionné. Tu restes encore un mystère pour moi. J'ai un sentiment d'inachèvement. On agit comme si on ne savait pas que les gens mourraient. Le coup porté par la mort nous disloque, nous anéantit, nous révolte. Le chagrin est vécu comme une apnée, comme une folie.

Maman savait, avant ta mort, que tu étais atteint de la « sclérose latérale amyotrophique » ou maladie de Charcot, du nom du médecin neurologue qui a décrit pour la première fois cette maladie en 1869. Après ton hospitalisation, elle a été convoquée à l'hôpital. Elle y est allée avec une de mes sœurs. Les médecins leur ont dit de quoi tu souffrais, que la maladie pouvait évoluer plus ou moins vite. Mais elles ne te l'ont pas dit et à moi non plus. Cette maladie abominable se traduit par une paralysie progressive des muscles impliqués dans la motricité volontaire. Elle affecte aussi la phonation et la déglutition. Les muscles s'atrophient, ils subissent des secousses involontaires, des crampes. L'atrophie musculaire commence souvent dans les mains ou les pieds pour évoluer progressivement vers les bras ou vers les jambes. La faiblesse musculaire peut engendrer des trébuchements ou des chutes, ce qui t'était arrivé plusieurs fois. Tous ces symptômes sont causés par la destruction des neurones moteurs qui font parvenir les « messages » électriques du cerveau vers la moelle épinière ou de la moelle épinière vers les muscles, les « messages » ne passent plus correctement et les muscles perdent leur force et leur volume. Je comprends maintenant pourquoi tu souffrais autant. Les facultés mentales et les cinq sens ne sont pas altérés, le malade reste lucide, mais se sent déprimé, ce qui n'est pas étonnant quand on sent son corps se dégrader. Certains patients perdent parfois aussi le contrôle de leurs émotions. La maladie entraîne ensuite des problèmes respiratoires et la personne touchée perd progressivement son autonomie corporelle. En France, 800 nouveaux cas apparaissent tous les ans et plus de 8 000 personnes en sont atteintes. C'est une maladie rare qui ne se guérit pas. À la fin, il peut s'avérer nécessaire de placer une sonde d'alimentation dans l'estomac afin d'empêcher l'étouffement ou le passage de la nourriture et de la salive dans les poumons. Les personnes présentant des difficultés respiratoires devront un jour être placées sous assistance. C'est une maladie effrayante qui enferme dans la prison de son propre corps. Les patients devront utiliser des chaises roulantes motorisées. La maladie entraîne inexorablement la mort des cellules nerveuses qui permettent les mouvements volontaires des muscles et la paralysie complète du corps, sauf les muscles oculaires. Les facultés intellectuelles et sensorielles restent intactes. Le sens du goût, du toucher, de la vue, de l'odorat et de l'ouïe ne sont pas affectés, ni les muscles de l'œil, du cœur, de la vessie, de l'intestin. Mais c'est une maladie très dure à vivre au quotidien. Stephen Hawking en est l'exemple le plus connu, il a vécu plus de cinquante ans avec cette pathologie avant de décéder en 2018. Il a été diagnostiqué à 21 ans alors que la plupart des malades sont diagnostiqués après soixante ans. Pour lui, même avec cette maladie, la vie valait la peine d'être vécue, car il pouvait continuer d'exercer son métier d'astrophysicien qui le passionnait. Il était bien entouré et pouvait communiquer grâce à des ordinateurs. Sa longévité est exceptionnelle. En général, les malades ne survivent pas plus de trois à cinq ans. Le début de la maladie est insidieux et le diagnostic est souvent posé tardivement. C'est une maladie méconnue, moins connue que la maladie d'Alzheimer ou de Parkinson. Elle est considérée comme la plus cruelle par l'OMS, c'est une maladie exceptionnelle par sa violence terrible. Pour toi, la mort était la seule solution pour te délivrer de ce corps-prison. Ta vie ressemblait de plus en plus à un cauchemar, tu ne voulais pas te retrouver immobilisé dans un lit d'hôpital. À quoi bon poursuivre ce chemin de croix, qui t'aurait mené irrémédiablement vers la mort ? À quoi bon continuer à souffrir ? Tu n'as pas laissé la maladie t'emporter, c'est toi qui as décidé du moment de partir. C'est toi qui as choisi ta fin. Le suicide est aussi un signe de la liberté humaine. Il représente une volonté, une échappatoire et une résistance, même si c'est une tragédie pour l'entourage et que la culpabilité ne disparaît jamais. Face aux difficultés, c'est une pulsion incontrôlable, une goutte qui fait déborder le vase, une accumulation de souffrances et de douleurs, un geste ultime de désespoir. La mort n'apparaît plus comme le pire des maux. Quand la vie ressemble à un calvaire, un enfer et qu'il n'y a aucune chance d'amélioration, la mort apparaît comme une délivrance. « Perdre la vie est peu de chose et j'aurai ce courage quand il le faudra. Mais voir se dissiper le sens de cette vie, disparaître notre raison d'existence, voilà ce qui est insupportable. On ne peut vivre sans raison », écrit Albert Camus dans Caligula en 1944. Le suicide n'est pas un geste lâche, mais peut-être une façon de vaincre sa propre peur face à la mort, une façon d'accélérer les choses en provoquant la mort afin de se délivrer de cette peur. Il y a aussi la volonté de ne pas imposer à son entourage la vision de sa propre déchéance. Le suicide, c'est un acte insondable et sans retour par lequel un individu s'arrache à la communauté des vivants. C'est aussi un acte qui, par sa violence, porte atteinte à la vie de ceux qui l'entourent. En sectionnant le lien qui le relie aux vivants, le suicidé n'emporte-t-il pas avec lui, plus brutalement encore que les autres morts, une part de la vie des siens, de leur histoire, de leur monde ? Il ne s'agit pas de porter un jugement moral sur cet acte longtemps considéré comme une faute ou un péché en vertu de la croyance selon laquelle la vie serait un don de Dieu que l'homme n'aurait pas le droit d'interrompre. Longtemps, l'Église catholique a refusé la sépulture chrétienne aux suicidés pour marquer sa désapprobation sur cet acte. Aujourd'hui, l'église considère qu'on ne peut juger d'un acte effectué très souvent dans un état de détresse grave. Certains veulent vivre jusqu'à leur dernier souffle et s'accrochent à la vie, toi tu as choisi de partir avant et je respecte ton geste, je l'accepte même si cette mort terrible et terrifiante me fait tellement souffrir. C'est difficile de supporter la souffrance et la violence inhérente à cet acte. Surtout, je ne comprends pas pourquoi tu as été atteint par cette maladie. Des facteurs génétiques et environnementaux sont évoqués pour en expliquer les causes : l'exposition à des métaux lourds, des infections virales, le tabac, l'usage des pesticides, des solvants, certains produits chimiques agricoles, une activité physique intense. C'est vrai que tu as été un gros fumeur même si tu as arrêté définitivement à 58 ans. Les mauvaises habitudes de vie et d'alimentation liées à notre civilisation moderne sont probablement la cause de la plupart des maladies. Aujourd'hui, notre mode de vie, notre alimentation, l'eau que nous buvons, l'air que nous respirons, la pollution, le stress ont des effets néfastes sur notre santé. Et si l'espérance de vie augmente, les problèmes de santé sont nombreux. Et notre alimentation en est probablement une des causes. « Que ton aliment soit ton médicament », disait Hippocrate, considéré comme le père de la médecine, vivant 400 ans avant notre ère. Or aujourd'hui, la nourriture industrielle, nous le savons bien, provoque des dégâts sur notre santé.

Et, au-delà du mode de vie, de l'hygiène de vie, tout le psychisme intervient dans une maladie. Nos pensées influent sur notre santé. La peur, les angoisses, affaiblissent notre organisme. Et si la maladie n'était pas un hasard ? Et si elle n'était que la réponse organisée par notre corps pour compenser les petites et grandes déceptions émotionnelles de notre vie ? Les maladies que nous développons auraient peut-être pour origine une émotion inavouée, muette, que le corps exprime en étant malade. Un événement est déclencheur, mais souvent cet événement est lui-même souvent lié à une mémoire plus ancienne remontant à l'enfance.

Et si la cruauté de la maladie dont tu souffrais explique ton geste, peut-être avais-tu aussi, en toi, une « fêlure », comme l'explique Gilles Deleuze, une « faille » intérieure qui s'est creusée à cause des secousses éprouvées dans le monde du dehors et de ta maladie. Une fêlure silencieuse que tu portais en toi, une faille imperceptible, mais présente depuis longtemps. À l'instar d'une tasse de porcelaine avant qu'elle ne se brise, cette fêlure acquiert peu à peu la taille vertigineuse d'un grand canyon. Une lente et douloureuse détérioration morale et psychique précède le passage à l'acte. Cette fêlure vient-elle de ton enfance solitaire ou de tes rêves brisés, d'un sentiment d'impuissance face à la vie ?

Le suicide pose aussi la question de l'aide à mourir. Une question qui revient régulièrement dans le débat public. En mai 2022, une décision de justice interroge. Le tribunal judiciaire d'Angers a relaxé un vétérinaire mis en cause pour avoir prescrit des médicaments à un ami gravement malade afin qu'il se suicide. Une information judiciaire a d'abord été ouverte pour « tentative d'assassinat » ou « assassinat », piste finalement abandonnée puisque le vétérinaire n'a pas lui-même injecté les produits. L'incitation au suicide n'a pas été non plus retenue puisque l'enquête a établi que le malade avait mûri seul sa décision de mettre fin à ses jours et que c'est lui, qui, à plusieurs reprises, a demandé les ordonnances. Les juges ont estimé qu'il y avait « état de nécessité », qu'il s'agissait d'éviter d'inutiles et inéluctables souffrances. C'est la première fois que cet argument est retenu dans un tel cas et il pourrait bien faire évoluer la législation. Cet « état de nécessité » est un principe qui remonte, en droit, à une décision de 1898, rendue par Paul Magnaud, président du Tribunal de Château-Thierry dans l'Aisne, en faveur de Louise Ménard, mise en cause pour avoir volé du pain afin de nourrir sa mère et son enfant. Ce « principe de nécessité » est une notion inventée par le « bon juge Magnaud », comme l'appelait Clémenceau, juge considéré comme « révolutionnaire ». « L'aide à mourir », sous la forme de l'euthanasie ou du suicide assisté, va-t-elle bientôt être reconnue, après des décennies de débat ? La personne qui a bénéficié du produit euthanasiant était atteinte de la maladie de Charcot, comme toi, une maladie incurable. Malgré cela, le parquet a fait appel de la décision du tribunal, car, même dans le cas de maladies très graves, il existe des cas de rémission. Pourtant, faciliter le décès d'une personne n'est-ce pas, dans certains cas, sauver sa dignité et mettre fin à sa souffrance ? Comme le demande Frantz Kafka, pendant son agonie, à son médecin : « Tuez-moi, sinon vous êtes un assassin ». Quand la mort est inéluctable, quand souffrance et douleur nourrissent l'angoisse, quand l'image de soi, pour soi-même et pour les autres, provoque un sentiment insupportable devant son être qui fait naufrage, tout cela conduit à vouloir mettre un terme à cette vie qui n'en est plus vraiment une. Cela est possible dans certains pays où il est possible de maîtriser sa mort au lieu de la subir. La Belgique, par exemple, depuis 2002, s'est dotée d'une loi sur le droit des patients à disposer d'eux-mêmes et à demander l'euthanasie. Depuis, des hôpitaux ont ouvert une consultation « fin de vie » où l'on écoute et questionne les personnes gravement malades afin de mesurer leur détermination. Un contingent non négligeable vient de France, où l'euthanasie n'est pas autorisée. Une émission sur Arte « Les mots de la fin » nous montre des extraits de ces entretiens avec les malades. Leur détresse face à leur souffrance et l'absence d'espoir de guérison est bouleversante. Un des malades dit avec le sourire : « Un coup de baguette magique, tout s'éteint, plus de souffrance ». Le médecin lui dit que c'est paradoxal de sourire alors qu'il demande à mourir, mais pour ce patient, la mort apparaît comme une délivrance. « J'aime la vie, mais pas cette vie-là », dit un autre. « Qu'est-ce que j'en veux à mon pays de ne pas le faire ! » dit un malade français. « J'ai mal tout le temps, j'en ai assez de souffrir », se plaint un autre patient. Si l'euthanasie leur est accordée, ils meurent en douceur, avec l'assentiment de leur entourage et entourés de leur famille. Quand on veut user de cette liberté, le droit de mourir dans la dignité en choisissant librement sa fin de vie, il faut aller en Suisse ou en Belgique, ce qui n'est à la portée que des gens aisés. Et, alors que l'on apprend la mort du cinéaste Jean-Luc Godard à 91 ans le 13 septembre 2022, nous apprenons aussi qu'il a eu recours au suicide assisté en Suisse où il résidait, où cela est autorisé depuis plusieurs décennies. Il souffrait de multiples pathologies invalidantes, se sentait épuisé et avait pris la décision d'en finir. Ce choix s'inscrit dans un contexte particulier en France, car, au même moment, le Comité consultatif national d'éthique réfléchit à la possibilité d'une « aide active à mourir » strictement encadrée, dans le but d'aboutir à une loi avant la fin de l'année 2023. Certains médecins sont réticents. C'est vrai, l'acte est difficile à pratiquer pour le soignant, qui a normalement le rôle de guérir et non de donner la mort. « La main qui soigne n'est pas la main qui tue » ou « soulager, mais pas tuer » disent ceux qui sont contre le suicide assisté. Seulement, pour toi, j'aurais préféré une mort plus douce, que tu partes dans le calme et la paix. Mais maintenant, je sais que tu ne souffres plus, que tu es délivré de cette vie insoutenable et que tu es bien, dans la lumière.

Tu n'es pas là où tu es, tu es partout là où je suis.

Victor Hugo

Je refuse de penser que tu es seulement ce tas de cendres dans cette urne dans le cimetière. Je refuse de faire le deuil, je refuse de parler de toi au passé. Je refuse de croire que l'âme est mortelle. Je préfère penser qu'une part de toi, comme un souffle léger, subsiste et qu'elle continue à m'accompagner, telle une ombre bienveillante, protectrice. Et si la mort n'était pas le néant total ? Et si c'était le début de quelque chose et non pas la fin ultime ? Et si la mort n'était pas seulement l'absence du corps physique, mais une autre forme de présence ? Car je la sens près de moi. Ton corps a disparu, mais une présence plus subtile demeure. Quelquefois, tu apparais dans mes rêves. Nous sommes assis côte à côte et je pose ma tête sur ton épaule. Une autre fois, je suis avec toi dans la voiture et tu me déposes quelque part, comme tu avais souvent l'habitude de le faire. Cela me réconforte de te revoir, même si c'est seulement dans mes pensées. D'habitude, je me souviens rarement de mes rêves, mais ceux-là restent gravés dans ma mémoire. Mon sommeil devient alors un monde merveilleux dans lequel je peux communiquer avec toi, un monde dans lequel nos âmes se retrouvent. Les personnes rationnelles diront que mon inconscient créé de tels rêves afin de me consoler, pourtant j'ai le sentiment que ton âme vient me rendre visite pendant la nuit. Après les cris et la tristesse énorme, j'instaure avec toi un dialogue silencieux qui n'est pas si triste, mais rempli d'espoir. Parfois, dans des situations difficiles, comme un soir d'orage où de gros grêlons tombaient du ciel, et que j'avais peur que la fenêtre de toit de la maison n'explose, je t'ai demandé de l'aide et j'ai l'impression que tu étais là pour me protéger. J'aimerais que tu tiennes toujours une part essentielle dans ma vie, encore plus essentielle que quand tu étais vivant, que tu me guides, que tu me réconfortes, malgré la tristesse, le regret, la nostalgie, le manque. Il faudrait inventer une nouvelle conjugaison pour parler des morts au présent sans avoir l'air d'un fou ou d'une folle. Le passé peut vivre aussi dans le présent. Parler avec nos morts permet de s'apaiser après la révolte, le refus de la disparition. Comme Kundera qui écrit : « Un mort que j'aime ne sera jamais mort pour moi. Je ne peux même pas dire "je l'ai aimé", non je l'aime et si je refuse de parler de mon amour pour lui au temps passé, cela veut dire que celui qui est mort est. C'est là peut-être que se trouve une dimension religieuse pour l'homme. » Roland Barthes aussi refuse de faire le deuil. Ainsi, dans le « journal du deuil » après le décès de sa mère, il écrit : « Non, je ne suis pas en deuil, j'ai du chagrin. Non, le temps ne fait rien passer ». Les philosophes ne sont pas les seuls à parler de la mort, les chanteurs aussi en témoignent de façon parfois très émouvante. Jacques Brel, dans sa chanson « Jojo » sortie en 1977 sur son dernier album « Les Marquises », rend un hommage à son ami disparu et refuse sa mort : « Moi je t'entends rugir quelques chansons marines, où des Bretons devinent que Saint-Cast doit dormir, tout au fond du brouillard, six pieds sous terre Jojo, tu chantes encore, six pieds sous terre tu n'es pas mort… Six pieds sous terre, je t'aime encore. » Jojo, c'est Georges Pasquier, son secrétaire, son chauffeur, son confident, l'ami des coulisses, peut-être le plus intime depuis 1955. Un compagnon précieux, un homme tout simple. Il meurt le 2 septembre 1974, alors que Jacques est en route, depuis plusieurs semaines, pour un tour du monde à la voile, mais finalement il s'arrêtera aux îles Marquises, revendra son bateau et achètera un avion qu'il surnommera « Jojo ». Quand il apprend la nouvelle du décès de son ami, il interrompt son voyage pour lui rendre un dernier hommage. Il savait que Jojo était malade, le même cancer du poumon que Jacques et qui lui sera diagnostiqué deux mois plus tard. Les médecins ne lui avaient pas dit à quel point son ami était atteint. Il n'a pas pu le revoir. La chanson se termine par une prémonition « Orphelin jusqu'aux lèvres, mais heureux de savoir que je te viens déjà. » Et si Jacques Brel célèbre l'amitié et sa survie au-delà de la mort, la chanson de Charles Aznavour, « Parce que », évoque l'éternité de l'amour. Elle sort en 1954 et sera l'un de ses premiers grands succès. Elle sera rééditée sur de nombreux albums et chantée aussi par Serge Gainsbourg : « Parc'que tu vis en moi… Parc'que je suis au seuil d'un amour éternel, je voudrais que mon cœur ne porte pas le deuil. » Même la mort, même la fin d'une relation n'empêche pas l'amour de durer, si cet amour a été sincère. Maddly, la compagne de Jacques Brel durant les dernières années de sa vie raconte que le lien qui l'unissait à son compagnon ne s'est pas rompu après sa mort. Elle continue de lui parler et plusieurs de ses livres évoquent le chanteur disparu. Et France, l'une de ses filles, a créé une fondation qui lui est consacrée. Plus récemment, Emily Loizeau a écrit une chanson qui me bouleverse quand je l'entends alors que pendant longtemps je n'en comprenais pas vraiment le sens. « À l'autre bout du monde » a été enregistrée en 2005. Lors d'un entretien à la radio, elle raconte la genèse de cette chanson. Elle a été écrite d'une traite. Suite au décès de son père, Emily faisait un rêve récurrent dans lequel elle retrouvait son père et elle le prenait dans ses bras. « Ta voix qui me dit mon trésor, tout ce temps je n'étais pas mort, je vivais à l'autre bout du monde… Entre mes bras, je serre ton corps, tu es là à l'autre bout du monde. Je te rejoins quand je m'endors, mais je veux te revoir encore, où est-il l'autre bout du monde ? ». Retrouver ce lien avec nos disparus nous réconforte. Mais nous ne sommes pas toujours disponibles pour entretenir ce lien. Avec notamment l'utilisation omniprésente des technologies, nous nous sommes coupés de l'invisible, nous n'écoutons pas suffisamment ce qui se passe en nous. Pourtant, nous sommes nombreux à entretenir le lien avec l'invisible, même si nous n'en parlons pas, comme si c'était un sujet tabou, presque honteux, dans le monde rationnel et désenchanté qui est le nôtre. Nous le gardons secret dans notre cœur et celui-ci peut prendre des formes très diverses, pouvant aller de simples rêves à certaines pensées, des intuitions. Nous portons en nous un inconscient personnel, mais aussi un inconscient familial et collectif, comme une « mémoire du monde » hors du temps et de l'espace. Tout ce qui relève de l'intuition et des rêves émerge de ce monde qui est en nous, monde dont nous nous sommes coupés en vieillissant, au moment de l'« âge de raison », vers sept ans, passage de l'irrationnel au rationnel. Les enfants ont ce lien spontané avec l'invisible, perçoivent des choses que les adultes ne sentent plus. En fin de vie, les humains reviennent à cela. Chez les personnes âgées ou mourantes, cette frontière entre le visible et l'invisible est de nouveau très fine. Qui n'a jamais imploré l'aide protectrice des êtres invisibles ? Nous implorons la protection de nos défunts parce que nous sentons bien qu'ils ne sont pas si loin, qu'il n'y a pas une frontière infranchissable et étanche entre eux et nous, juste un voile. Comme l'écrit le poète Rilke, « nous sommes encadrés d'invisible ». Ce mystère, nous ne pourrons pas le prouver, de même que nous ne pouvons pas prouver l'existence de Dieu, ni d'une intelligence supérieure de l'Univers ni d'une transcendance qui nous dépasse. Nous pouvons seulement vivre avec l'invisible, l'expérimenter et lui faire confiance. Il suffit de se relier à la personne aimée, de lui parler. Alors, parce que nous pensons à eux et qu'ils sont là, leur présence nous semble réelle et réconfortante. Les morts, à leur manière, accompagnent les vivants. Ils ne nous quittent pas tout à fait. Parce que nous avons encore besoin d'eux, parce que nous avons encore besoin de continuer à leur parler, nous les maintenons vivants en nous. La mort ne doit pas avoir le dernier mot. Passées la stupeur et la sidération, le dialogue renaît, car il doit renaître. Proust aussi parle de la présence des défunts dans nos vies : « L'absence n'est-elle pas, pour qui aime, la plus certaine, la plus efficace, la plus vivace, la plus indestructible, la plus fidèle des présences ? ». Les morts sont vraiment avec nous, dans le silence intérieur qui nous habite. « Les morts sont des invisibles, pas des absents », nous dit aussi Victor Hugo. Vivre avec ce mystère nous rend heureux, nous ressentons de la gratitude après la douleur intense et terrible de la mort. Ils ne sont pas simplement le souvenir d'une perte, d'un manque, d'un trou, d'un vide béant. Ils ne provoquent pas seulement de la tristesse, du regret, de la nostalgie, mais aussi de l'espoir et une véritable envie de vivre.

Nous leur devons quelque chose et ils nous offrent quelque chose de subtil et de mystérieux. Peut-être y a-t-il dans la mort une naissance et un ailleurs ? Nous sommes attirés par le divin et l'immortalité, même si nous refusons parfois de l'accepter : notre âme est contradictoire, car elle est aussi bien divine qu'humaine, mortelle et immortelle, céleste et terrestre. Nous sommes tiraillés entre la noblesse de notre caractère divin et la lourdeur et l'inertie de la pesanteur de la terre et de notre incarnation. D'un côté les entités incommensurables de l'invisible, baignée dans une atmosphère de lumière et d'amour, et de l'autre notre incarnation sur terre, non dénuée de plaisirs et de moments de bonheur, mais avec ses soucis quotidiens, avec les limites inexorables de nos vies et de nos sens, qui nous enferme dans une finitude désespérante. Nous avons besoin du divin pour nous élever au-dessus de notre nature mortelle et corporelle, réconcilier notre côté rationnel et notre intuition, le monde terrestre et le monde céleste, faire un pont entre la spiritualité et la science. Le dialogue avec l'invisible permet cette élévation. Il nous offre la possibilité de surmonter la tristesse et d'honorer la vie. « Quand surgit la mort, raconter la vie est tout ce qu'il nous reste », nous dit Delphine Horvilleur. Et comme le disait François Mitterrand : « Les morts ne nous demandent pas de les pleurer, mais de les continuer. »

Face à la mort, les mots nous échappent, il nous est difficile d'en parler. Alors, nous, les vivants, nous avons le devoir de parler de la vie. L'histoire d'un homme ou d'une femme ne se résume pas à une tragédie, une maladie et une mort. Nous ne pourrons pas oublier la maladie et la mort de la personne disparue, mais nous devons surtout célébrer et raconter la vie, nous souvenir des moments de joie, une manière de tenir en respect la tristesse et de ne pas ressasser le malheur qui nous terrasse.

Avril vient calmer tout, venant tout embaumer.

Victor Hugo

Si tu es mort dans une extrême tristesse, ta naissance est une vraie joie pour tes parents. Tu es né dans un hameau, « Le Sorbier », d'une petite commune qui compte actuellement un peu plus de 300 habitants et qui se situe à quarante kilomètres d'une ville de taille moyenne. Tu es né le 16 avril 1938, un samedi, la veille du dimanche de Pâques. Ce samedi-là, ton père s'inquiète, car il ne trouve pas le médecin. Il a dû aller le chercher dans plusieurs maisons, car il est débordé. Finalement, il réussit à le trouver et l'accouchement se passe bien au domicile de tes parents, comme c'est l'habitude à cette époque. Quel bonheur pour eux, en plus, d'avoir un fils ! Leur nom ne va pas s'éteindre, il ne se perdra pas, ils pourront aussi te transmettre le fruit de leur travail, leur terre, à laquelle ils sont tant attachés. Le nom et le patrimoine sont intimement liés, ils forment un tout. Toi, leur fils, représente pour tes parents une promesse pour l'avenir, l'assurance de la survie de leur nom et de leur terre. Mariés depuis presque deux ans – tes parents se sont mariés le 26 septembre 1936 –, ils sont paysans et travaillent beaucoup. Mais comme ils sont beaux sur la photo de leur mariage ! Le marié a 23 ans et la mariée 24 ans. Ta mère porte une belle robe blanche, longue, avec un voile qui traîne sur le sol et elle a un bouquet de fleurs sur son avant-bras et dans sa main. Avec un léger sourire, son visage est empreint de douceur et d'espoir. Ton père, lui, porte un costume noir, une chemise blanche et un nœud papillon noir, il tient dans sa main des gants blancs. On devine son fort caractère à son regard et à son air déterminé. En même temps, il paraît satisfait, heureux. Tu leur ressembles à tous les deux. La photo est prise dans un champ, ils ont les pieds dans l'herbe et à l'arrière, on devine un gros tas de foin. Les invités qui figurent sur la photo portent leur habit du dimanche. Si la vie est rude et qu'il faut habituellement éviter de dépenser de l'argent, lors des fêtes comme les mariages, tous oublient les restrictions et les privations. Ils dépensent alors presque sans compter. Il faut se faire de beaux souvenirs pour supporter ensuite tous les aléas de la vie. Tu es leur seul fils, leur seul enfant. Peut-être que, pour eux, c'est un choix de n'avoir qu'un enfant, la vie est difficile, ils veulent sortir du cercle infernal de la pauvreté. Tous les deux sont issus de familles nombreuses, et ils ont vu les difficultés de leurs parents pour les élever. Ton père a quitté l'école à 12 ans pour aller travailler dans d'autres fermes que celle de ses parents et ta mère aussi, alors qu'elle était une bonne élève. À 12 ans, la plupart des enfants de paysans quittent l'école pour aller travailler au début du siècle dernier. Ils sont « loués » à la journée. Ta grand-mère maternelle, que tu n'as pas connue, car elle est décédée jeune, ne savait ni lire ni écrire et lors de son mariage le 6 novembre 1895 – elle est née en 1873, – elle avait 22 ans. Sur le document officiel de la mairie, elle a mis une croix à la place de sa signature, comme sa mère et comme le père et la mère de son époux. Ta grand-mère n'était probablement jamais allée à l'école. Son frère, d'un an plus âgé, devait y être allé puisque sa signature atteste qu'il savait lire et écrire. Ton grand-père, qui a 26 ans lors de son mariage, sait lire et écrire, il a signé le document officiel le jour de son mariage. Comme son frère qui a 24 ans et l'oncle de l'épouse – le frère de sa mère – qui a 54 ans. Les garçons, en général, ont le privilège d'aller à l'école plus longtemps que les filles, c'est eux qui vont gérer le ménage. Très tôt, les filles aident leur mère à la ferme, s'occupent des autres enfants plus jeunes et restent à la maison. Au dix-neuvième siècle, l'éducation, surtout celle des filles, n'était pas prioritaire dans le monde des petits paysans. La survie, avoir de quoi manger était la préoccupation principale. Ta mère, née en 1911, fait partie de la première génération de femmes, dans ce monde paysan, à aller à l'école et à savoir lire et écrire. Grâce aux actes d'état civil, au document sur lequel les époux, les parents et les témoins du mariage doivent signer, il est possible de savoir qui sait lire et écrire et donc ceux qui sont allés à l'école. Ta mère est la dernière d'une famille de cinq enfants. Quant à ta grand-mère paternelle, elle avait 17 ans quand elle s'est mariée, ton grand-père en avait 27. Elle a eu son premier enfant à 18 ans, un garçon, puis trois ans plus tard une fille, et deux ans plus tard, un garçon, ton père.

Après leur mariage, tes parents ont trouvé une petite maison à louer avec des terres. Ton père est costaud, il a une carrure imposante, une vraie « force de la nature » alors que ta mère est toute frêle et toute petite. Mais cela ne l'empêche pas de travailler aux champs comme un homme. Malgré cela, officiellement, elle est déclarée « sans profession » et son travail demeure invisible. Quand ils se marient en 1936, ils sont pleins d'espoir, avec l'envie de travailler et de réussir. En France, c'est un peu une parenthèse enchantée, les premiers congés payés, deux semaines, et la semaine de quarante heures sont instaurés, même si cela ne change rien pour tes parents qui travaillent tous les jours de la semaine et ne prennent jamais de vacances. Ils n'ont d'ailleurs jamais vu la mer. Les congés payés, les week-ends, pour eux, c'est impensable. Mais ils aiment cette vie malgré sa rudesse. En 1936, Charles Trenet chante « y a de la joie ». Maurice Chevalier chante l'insouciance avec sa chanson « Ma pomme » : « Ma pomme, c'est moi, j'suis plus heureux qu'un roi… Les hommes, je l'crois, s'font du souci pourquoi ? Car, pour être heureux comme ma pomme, ma pomme, il suffit d'être en somme aussi pénard que moi ! ». Mais tout n'est pas rose dans la France de 1936, il y a beaucoup de pauvres et des gens dorment dans la rue. Edith Piaf chante la misère qu'elle connaît bien : « Les mômes de la cloche » : « C'est nous, les mômes de la cloche, clochards qui allons sans un sou en poche, c'est nous les paumées, les purées d'paumées, qui sommes aimées un soir n'importe où ». 1936, c'est aussi l'année de sortie des « Temps modernes », film de Charlie Chaplin qui dénonce, avec humour, les conditions de travail difficiles des ouvriers dans l'industrie, les cadences infernales du travail à la chaîne. Et Hitler, en violation du traité de Versailles, réarme l'Allemagne nazie. Prudent à son arrivée au pouvoir en 1933, il gagne pourtant du terrain petit à petit, tout en proclamant des intentions pacifiques. En mars 1936, il crée la Wehrmacht, l'armée allemande. Lorsque la guerre civile espagnole éclate en juillet 1936, Hitler saisit l'occasion de tester son matériel et d'entraîner son armée en apportant son soutien au dictateur espagnol Franco. Les Français ne voient pas encore le danger. Ils sont focalisés sur les questions de politique intérieure après la victoire électorale du Front populaire. Personne ne semble capable de freiner le réarmement de l'Allemagne alors qu'Hitler se prépare ouvertement à la guerre. Face au pacifisme aveugle de la France et du Royaume-Uni, il a le champ libre.

Pour tes parents, la vie n'est pas facile. Mais ils travaillent dans l'espoir de devenir propriétaires un jour, d'acheter une maison et des terres bien à eux, c'est leur rêve et, pour le réaliser, ils doivent travailler sans relâche. Ta naissance représente pour eux une motivation supplémentaire, leurs efforts ne seront pas vains. Je me souviens que ton père, à l'occasion des repas de famille, nous racontait ta naissance. Combien il fait beau ce jour-là, et que, sur sa bicyclette, pour aller annoncer la nouvelle, il est émerveillé par le soleil qui brille, qui joue à cache-cache avec les feuilles des arbres, que celles-ci frissonnent joyeusement sous l'effet d'un petit vent très agréable qui lui caresse le visage. Les oiseaux chantent, la nature lui semble radieuse, comme son état d'esprit. Tout lui semble parfait, il a l'impression de voler sur son vélo, d'être léger et de ne plus toucher la terre. En cette douce journée de printemps, il est tout simplement heureux. Ta naissance ressemble, pour lui et sa femme, à un miracle, un événement extraordinaire dans leur quotidien difficile et qui vient éclairer leur vie. Leur maison n'a que deux pièces, sans l'eau courante qu'il faut aller chercher au puits à une centaine de mètres. Mais ta naissance leur procure une joie infinie et ils voient l'avenir avec optimisme, comme tous les Français qui, en 1938 et 1939, sont encore dans l'insouciance, bien que cernés par des dictatures en Allemagne et en Italie. Ils ne se doutent pas du drame qui se prépare, de la guerre qui va éclater un an plus tard. Ils sont encore dans le déni et ne veulent pas y croire. Tes parents perçoivent les bruits du monde de façon atténuée. D'ailleurs, ce qu'ils scrutent surtout, eux, les paysans, c'est le ciel, pour savoir quel temps il va faire, s'il va pleuvoir le lendemain ou pas.

Durant cette année 1938, le rapport de force en Europe va devenir de plus en plus défavorable aux démocraties. En mars, l'Autriche est occupée par l'Allemagne et va être annexée le 13 mars 1938. En mai, l'Allemagne cerne la Tchécoslovaquie et le 30 septembre, Daladier et le Britannique Chamberlain signent avec Hitler et Mussolini, pour préserver la paix, les accords de Munich qui vont démanteler la Tchécoslovaquie et scellent indirectement la mort de ce pays en tant qu'état indépendant. Sans vouloir l'avouer, ils savent la guerre inévitable, mais pour Daladier, il s'agit surtout d'avoir un sursis devant permettre le réarmement de la France. Le 9 novembre, Hitler se sentira assez protégé pour lancer la « nuit de Cristal », une nouvelle étape dans la politique antisémite du troisième Reich : des synagogues sont incendiées, démolies et des commerces juifs sont détruits. Le 12 novembre, les juifs allemands, par le « décret sur l'élimination des juifs de la vie économique », sont exclus de toute activité commerciale, des professions libérales, des directions administratives et industrielles et sont expropriés. Auparavant, le 22 juillet, le gouvernement allemand créait une carte d'identité spéciale pour les juifs, une façon de les stigmatiser. En Italie, comme en Allemagne, commence la persécution du peuple juif avec la promulgation des lois raciales le 5 août 1938. Mussolini est aveuglé par le pouvoir et ses volontés expansionnistes se traduisent par l'invasion colonialiste de l'Éthiopie en 1935.

Le 21 novembre, Winston Churchill prononce un discours prophétique au parlement britannique : « Vous aviez le choix entre la guerre et le déshonneur. Vous avez choisi le déshonneur et vous aurez la guerre. » Il est un des rares, avec le Général de Gaulle, à avoir lu assez tôt *Mein Kampf*, livre-programme d'Hitler, support idéologique du nazisme, dont la virulence antisémite annonce la shoah. Il connaît la folie meurtrière d'Hitler et son ambition démesurée. Il fera tout pour l'empêcher de poursuivre son œuvre d'annexion, de destruction et de mort.

L'année 1938 constitue aussi un tournant majeur dans l'histoire de la France. C'est la première fois, en avril de cette année, que le journal d'extrême droite « je suis partout » publie un numéro spécial consacré aux juifs. Ce journal, fondé en 1930, est un hebdomadaire dont les articles traitent de la vie politique et littéraire. Antisémite et favorable à Hitler, ce journal sera interdit en août 1944 et ses rédacteurs seront jugés et condamnés. Mais, en 1938, les articles publiés sont particulièrement virulents contre les juifs qui sont ridiculisés.

La politique se durcit en France. Le 12 avril 1938, le gouvernement Daladier est formé, celui-ci affirme vouloir « remettre la France au travail ». Son gouvernement renoue avec la rigueur budgétaire, les radicaux se rallient à la droite, mettant fin, de fait, au Front populaire. En novembre 1938, il prend des décrets-lois, appelés par ses opposants les « décrets-misère » qui reviennent sur les mesures du Front populaire. Daladier qualifie la loi sur les 40 heures hebdomadaires de « loi de paresse et de trahison nationale ». En réaction, des grèves se déroulent dans le Nord, à Marseille, à Lyon et en Lorraine.

Le 23 janvier 1938, sort un film *J'accuse* d'Abel Gance. Il avait déjà réalisé une première version, muette, du film en 1919. Ce film est un plaidoyer contre la guerre. Filmé en quelques mois, durant l'été 1937, le film sort avec le soutien des anciens combattants et le message explicite d'un engagement pour la paix refusant la fatalité des conflits. Il reprend des passages de la première version. À la fin du film, les « poilus » ressuscitent sur le champ de bataille pour demander des comptes aux vivants. Dans la troisième partie du film, on voit une séquence impressionnante dans laquelle les « poilus » morts au combat sortent de leur sépulture. Avec leurs gueules cassées et leurs pansements, ils viennent dire aux vivants l'horreur et l'absurdité du premier conflit mondial. Si Abel Gance convoque les « poilus » décédés à la fin du film, c'est désormais, car les temps ont changé, non plus pour que les vivants constatent le bien-fondé de leur sacrifice, mais pour les alerter et leur faire prendre conscience du sacrifice terrible et inutile des soldats, qui vivent un véritable cauchemar et sont envoyés à une mort presque certaine. Abel Gance combine la fiction et les archives, le documentaire et les nombreux trucages. Son film est un réquisitoire poignant contre toutes les guerres et souhaite donner un message pacifique. Son succès est une preuve de la façon dont les Français ont soutenu la paix, même dans les derniers jours avant la Deuxième Guerre mondiale.

En 1938, sort aussi un film de Jean Renoir, *La bête humaine* adapté d'un roman d'Emile Zola, un ami de son père. Jacques Lantier, interprété par Jean Gabin, pense être atteint par une « fêlure héréditaire » à cause de ses parents et grands-parents « ivrognes ». Il a parfois des pulsions et des envies de meurtre, il est le jouet de passions qui le dominent. Depuis l'enfance, il souffre de douleurs qui lui traversent le crâne, une maladie invisible qui le ronge de l'intérieur. C'est aussi un roman et un film sur l'hérédité, sujet d'étude privilégié d'Emile Zola. La performance des acteurs dépasse leur simple talent de comédiens puisque leur implication a été telle qu'ils sont allés jusqu'à apprendre à conduire une locomotive, réalisant ainsi un rêve de Jean Gabin. Comme souvent dans les romans de Zola, et comme dans le film, les machines sont des personnages, et la locomotive surnommée « La Lison » par Lantier joue un rôle important, elle incarne aussi les pulsions humaines. Le film obtient un certain succès dû aussi à la popularité de Jean Gabin. À près de quarante ans, en avril 1943, il s'engage auprès des Forces françaises combattantes. Il se retrouve à Alger, puis débarque à Brest en septembre 1944 et arrive en Allemagne en mai 1945. Il a risqué sa vie jusqu'au bout de la guerre, et, à son retour, sans étaler ses faits d'armes – il gardera le silence sur ses 27 mois de guerre – un peu oublié et les cheveux blancs, il s'appliquera à reconquérir son public. Jean Renoir lui dresse une couronne de lauriers : « À l'Acteur né, l'Acteur avec un grand A ». Jacques Prévert lui rend un vibrant hommage en lui consacrant un poème : « La voix de Jean Gabin est vraie, comme la voix de son regard, la voix des gestes de ses mains, tout marche ensemble. Jean Gabin est synchrone de la tête aux pieds… Il est l'acteur le plus solide et le plus fragile en même temps… Il joue comme dans la vie. »

Un autre acteur et chanteur va rapidement devenir très populaire aussi. Yves Montand s'appelle encore Yvo Livi en 1938 et il commence à chanter. Il ne chante pas en mesure et n'articule pas correctement, on ne comprend pas bien ce qu'il chante, mais son charme opère déjà. Il chante, à cette époque, dit-il, pour s'acheter des cigarettes. Il a 17 ans et vit dans un faubourg pauvre de Marseille. Son père a fui l'Italie et est venu s'installer en France. Yvo exerce de petits boulots puis est coiffeur dans le salon de sa sœur. Surtout, il a un rêve secret : devenir célèbre et sortir de la pauvreté. Il réalisera son rêve.

En cette année 1938, les tensions montent, les hommes veulent pourtant encore croire à une paix possible. Ils continuent à vivre, à faire des films, à partir en vacances. L'été 1939 est très chaud, ce sont les dernières vacances en temps de paix. Même le Führer prend des vacances en août. Le vendredi premier septembre 1939, une vague de canicule rend l'atmosphère étouffante, la journée est ensoleillée. Au petit matin, Varsovie est bombardée par l'armée nazie. La Seconde Guerre mondiale voit la naissance d'une idée monstrueuse : en bombardant les populations, la victoire sera assurée. Irrémédiablement, la Seconde Guerre mondiale a fait basculer la planète dans l'ère du bombardement aérien, qui perdure encore aujourd'hui. Des milliers de civils sont tués lors du bombardement de Varsovie et un million et demi de soldats allemands envahissent la Pologne. Hitler vient d'entraîner l'Allemagne dans une guerre mondiale. Le dimanche 3 septembre à 11 heures du matin, l'Angleterre déclare la guerre à l'Allemagne, suivie par la France l'après-midi à 17 heures. La douceur de l'été s'est brutalement enfuie.

La guerre n'est pas une aventure. La guerre est une maladie. Comme le typhus.

Antoine de Saint Exupéry

Le lundi 25 septembre 1939, le gros titre du journal « l'Œuvre » annonce que le centre de Varsovie est violemment bombardé et que plus de mille civils sont tués. Il annonce aussi la mort de Sigmund Freud, qui élabora la théorie de l'inconscient et inventa la psychanalyse. Une photo figure dans l'article du journal. Une de celles les plus connues, celle d'un vieillard digne, réservé et triste, un chapeau sur sa tête, avec une barbe blanche et des lunettes rondes posées sur un nez aquilin. Le regard sombre et pénétrant dénote l'homme de pensée. On connaît l'image du vieillard, pas celle du jeune homme avec sa chevelure noire, épaisse et soignée et sa barbe bien taillée. Freud est de ces hommes qu'on a du mal à se représenter jeune, car l'âge n'apparaît pas comme le poids des années, mais comme une dignité, une sorte de noblesse et de sagesse. Il avait fêté ses 83 ans le 6 mai 1939. Mais, depuis 1923, sans relâche, le cancer attaquait sa mâchoire. Il fumait, à une époque, vingt cigares par jour, ils étaient ses compagnons de travail, « arbeit mittel » comme il les appelait, il en avait besoin pour accomplir son œuvre. Il a subi trente opérations. Il souffre, il ne supporte plus le supplice que lui impose sa maladie depuis plus de seize ans. C'est à Londres qu'il meurt le 23 septembre 1939. En 1938, les armées d'Hitler sont arrivées à Vienne en Autriche et Marie Bonaparte, nièce de l'empereur Napoléon III, a réussi à les faire sortir, lui et les siens : sa femme Martha, sa fille Anne, son médecin Marc Schur et son épouse, une domestique, seize personnes en tout. Il lui reste là-bas quatre sœurs dans les griffes de la bête nazie qui restent prises au piège. Il vit à Londres en exil, mais en sécurité et en liberté malgré les alertes aériennes. Mais il souffre, sa vie est devenue une torture. Son médecin lui fera trois injections de morphine qui vont provoquer sa mort. Sa psychanalyse, interdite par les nazis, car considérée comme une « science juive », s'est répandue sur le continent américain et dans les pays européens. Avec Thomas Mann et Albert Einstein, Freud a fait partie de la liste des auteurs interdits par les nazis en 1933. Avec son humour si particulier, il ironise : au Moyen-Âge, c'est lui qu'on aurait mis sur le bûcher, au vingtième siècle, on se contente de brûler ses livres. Il n'aura pas su que ses quatre sœurs périront dans les camps d'extermination.

Après la déclaration de la guerre par la France et l'Angleterre, en septembre 1939, commence alors une « drôle de guerre ». Jusqu'en mai 1940, l'armée française est dans l'attente, mais plus de trois mille soldats sont morts pendant cette période, combattants devenus invisibles. Déterminés à s'opposer aux exigences de l'Allemagne nazie, les Français répondent à l'ordre de mobilisation. Mais les troupes du Reich entrent en France en passant par les Ardennes, prenant ainsi les armées françaises et anglaises par surprise. Le samedi 22 juin 1940, en fin d'après-midi, la France, alors gouvernée par le maréchal Pétain, signe l'armistice à Rethondes dans l'Oise, et voit les deux tiers de son territoire, au nord et au sud-est, occupé par les Allemands. À l'automne 1940, le Royaume-Uni est le seul pays d'Europe à résister aux Allemands, malgré le bombardement de ses villes par l'aviation allemande. Après avoir signé l'armistice, le maréchal Pétain s'installe à Vichy et instaure un régime autoritaire dans la zone libre française, qui correspond alors au centre, au sud et sud-ouest de la France. L'armée allemande réquisitionne les richesses et la population française manque de tout. Hitler et Pétain se rencontrent le 24 octobre 1940, une entrevue qui consacre la collaboration du régime de Vichy et du troisième Reich, symbolisée par la poignée de main du maréchal Pétain à Hitler. Le 30 octobre 1941, le maréchal Pétain déclare aux Français que l'État français et le troisième Reich collaboreront. L'État français fournit par la suite de la nourriture et du matériel de guerre aux nazis et participe à l'arrestation et à la déportation de juifs installés en France. Le port de l'étoile jaune devient obligatoire pour les juifs français à partir de juin 1942. Ainsi, cette poignée de main échangée à Montoire-sur-le-Loir (Loir-et-Cher) marque définitivement les esprits, et c'est le début d'une des périodes les plus sombres de notre histoire.

Cette collaboration, avec le diable, va entraîner les horreurs commises durant ces années de guerre. Et l'un des épisodes les plus tragiques est la rafle du Vélodrome d'Hiver le 16 juillet 1942. Des milliers de juifs sont arrêtés à leur domicile à Paris et en banlieue puis conduits au stade du Vélodrome d'Hiver, un immense bâtiment, lieu de compétitions sportives, temple de la boxe et du cyclisme, à deux pas de la tour Eiffel, dans le quinzième arrondissement. Aujourd'hui, le bâtiment a disparu, car il a été détruit en 1959, mais un mémorial a été créé, un jardin avec des photos et le nom des enfants disparus. Après quelques jours au Vélodrome d'Hiver, les familles seront envoyées vers des camps d'extermination. Le gouvernement de Vichy, le maréchal Pétain qui doit donner son accord et la police française sont impliqués dans cet événement dramatique. Cette vague d'arrestations s'inscrit dans une campagne d'extermination des juifs initiée à la demande de l'Allemagne nazie dans plusieurs pays européens. Les 16 et 17 juillet, ce sont près de 13 000 personnes qui sont arrêtées à leur domicile, dont des femmes et des enfants, à partir de deux ans, ce qui est le plus inimaginable. Deux ans, est-ce un âge acceptable pour être arrêté à l'aube ? Joseph Weismann, qui a alors onze ans et qui est un des rares enfants à avoir survécu à la rafle, raconte comment les policiers français ont frappé chez lui et dit à sa mère : « Madame, vous avez un quart d'heure pour faire vos valises, on vient vous arrêter. » Si certains policiers font du zèle et forcent les serrures de ceux qui ne veulent pas ouvrir, certains se montrent plus humains et ferment les yeux pour permettre à des personnes de s'enfuir. Les prisonniers restent pendant cinq jours dans le Vélodrome d'hiver dans des conditions épouvantables : « sans boire, sans manger, avec des toilettes inutilisables, dans une chaleur étouffante », a témoigné Joseph Weismann. Ceux qui tentent de s'enfuir sont tués, d'autres se suicident ou succombent au manque de ravitaillement. Joseph Weismann a sauvé sa vie grâce à son caractère rebelle. Il s'est échappé du camp de Beaune-la-Rolande. Toujours vivant en 2022 et d'une étonnante vivacité, il porte encore aujourd'hui des marques indélébiles sur sa peau, des cicatrices causées par la traversée d'une barrière de barbelés, pendant plusieurs heures, avec un ami. Il a raconté son histoire dans un livre et un film a été réalisé. Les arrestations de juifs ne se produisent pas seulement à Paris, mais sur tout le territoire national. En 1993, le président François Mitterrand a instauré une journée nationale commémorative le 16 juillet. Mais il a fallu attendre la présidence de Jacques Chirac pour que la responsabilité de la France soit reconnue, pour la première fois, au plus haut sommet de l'État. « Oui, la folie criminelle de l'occupant a été secondée par des Français, par l'État français », a-t-il déclaré dans un discours en 1995. Et en juillet 2022, lors de l'inauguration d'un nouveau lieu de mémoire à Pithiviers, dans le Loiret, dans l'ancienne gare d'où sont partis huit convois vers le camp de concentration et d'extermination d'Auschwitz-Birkenau, Emmanuel Macron déclara dans son discours « que la France manqua, de manière délibérée, à tous les devoirs de la patrie des Lumières et des droits de l'Homme. Les déportés sont à la fois les victimes de l'Allemagne nazie et de la France de Vichy. »

Parmi les victimes de cette guerre, il y a aussi un grand poète et écrivain. Le 31 juillet 1944, Antoine de Saint Exupéry part en mission. Il ne reviendra pas. C'est son dernier vol. À 44 ans, il est un écrivain reconnu, mais aussi « le doyen des pilotes de guerre », usé par les heures de vol et les accidents. Autorisé à accomplir des missions de reconnaissance, il est en Corse depuis le 17 juillet et il effectue sa neuvième mission au-dessus des Alpes. Le 31 juillet, il décolle près de Borgo à 8 h 45. On ne le reverra plus. Sa mort reste toujours un mystère. En 1998, un pêcheur découvre dans son filet sa gourmette et, quelques années plus tard, en 2003, les débris de son avion, retrouvé au large de Marseille, sont remontés pour une expertise. Si piloter des avions était pour lui une véritable passion, car il aimait avoir la tête dans les nuages, il a écrit de nombreux romans pour nous faire partager sa passion. Écrit pendant son séjour en Argentine, *Vol de nuit* reçoit un accueil enthousiaste du public dès sa parution en 1931. Mais *Saint Ex* est surtout connu pour son conte poétique et philosophique, *Le Petit Prince* d'abord publié aux États-Unis en avril 1943 puis en France en 1946.

Tu n'as pas beaucoup de souvenirs de ces années de guerre, un cependant marquera ton esprit pour toujours. Tu as un an quand la guerre éclate et sept ans quand elle se termine. Toute ton enfance se passe pendant la guerre. L'histoire marque, influence notre inconscient. Comment ne pas ressentir le malaise de cette période ? À la campagne, toi et tes parents n'avez pas eu faim comme dans les villes, même si la vie devait être difficile. Car ton père a été mobilisé et a dû partir sur le front dont, par chance, il est revenu. Comme en France, le département où tu habites est coupé en deux, une zone libre et une zone occupée séparées par une ligne de démarcation jusqu'à l'occupation totale du pays par l'armée allemande en novembre 1942. Au début de la guerre, vous êtes dans la zone libre. Plus la guerre dure et plus les conséquences sur vos vies se font sentir. Certains drames sont connus parce que racontés dans des livres, des journaux et des films. D'autres restent plus intimes, invisibles. Tu as six ans environ et tu es chez ton grand-père paternel, tu as souvent l'habitude d'aller chez lui et tu l'aimes bien. C'est un de tes premiers souvenirs, un souvenir que tu n'oublieras jamais et qui restera gravé, comme une brûlure au fer rouge, pour toujours dans ta mémoire malgré ton jeune âge. Un Allemand arrive et a l'intention de violer ta tante Rachel, l'occupant s'octroyant des droits sur les femmes françaises, comme dans toutes les guerres. Ton grand-père s'interpose et fait face au soldat nazi, menaçant, qui le met en joue avec son arme. Il préfère se faire tuer plutôt que de voir sa fille entre les mains de ce criminel. C'est ce qu'il dit à ce soldat. Tu ne sais pas encore ce qu'est un viol, ni même la mort, mais tu comprends que quelque chose de grave est en train de se passer. Tu es terrifié, horrifié, tu t'accroches au pantalon de ton grand-père. Ce moment suspendu semble figé, tous tes sens sont exacerbés et cette terreur s'insinue jusque dans tes entrailles. Tu gardes le souvenir intact de ce qui s'est passé et de la frayeur ressentie. Il ne s'efface pas. Et surtout subsiste l'idée que, brusquement, à un moment où on ne s'y attend pas, l'horreur peut s'inviter dans nos vies. Te vient-elle aussi de ce moment traumatisant, cette peur qui ne t'a jamais quittée, qui a accompagné ta vie et qui, sournoisement, occupait ton esprit ? Finalement, le nazi s'en ira et personne ne se fera tuer ni violer. Ton grand-père restera pour toi un véritable héros dont tu admireras le courage et la détermination pour protéger sa fille.

Pendant cette guerre, certains Français collaborent avec l'occupant, ils dénoncent des résistants et des juifs. D'autres résistent comme le Général de Gaulle, une des personnalités marquantes de la résistance française, qui, dès le 18 juin 1940, lance son appel à résister depuis Londres. Jean Moulin réussira l'exploit de coordonner les différents mouvements de résistance présents dans le pays. Il sera torturé et tué par les nazis.

Mais la majorité de la population a surtout été occupée à trouver les moyens de se nourrir, de lutter contre la faim, le froid et les restrictions, et à échapper aux nombreux bombardements ou opérations policières menées par les occupants. La guerre qui éclate vient rappeler à une majorité de Français, surtout celle des villes, que la faim existe toujours. À la campagne, les gens se débrouillent, cultivent leur lopin de terre et malgré la frugalité et la modestie des repas, ils ne souffrent pas de la faim. Quand il pleut, tout le monde va à la chasse aux escargots. Un jour, tes parents en ont trouvé des centaines et en ont mangé pendant trois jours. Leur principale préoccupation, c'est la vie quotidienne, surtout la nourriture. Mais la nature leur donne aussi de quoi vivre quand le jardin ne suffit pas. Ils mangent des plantes sauvages, des pissenlits, des salades sauvages, les cuisses des grenouilles.

Avec le débarquement en Normandie, puis en Provence des troupes alliées, l'armée allemande est repoussée permettant la libération de la France occupée. Hitler se suicide le 30 avril 1945 et l'Allemagne capitule le 8 mai 1945.

En août 1945, la guerre est terminée en Europe, mais le Japon, allié avec l'Allemagne nazie, est toujours en guerre avec les États-Unis et refuse de capituler avec les conditions des Américains, lesquels, dirigés par le Président Harry Truman, décident d'utiliser l'arme atomique et de larguer des bombes sur les villes japonaises d'Hiroshima et Nagasaki les 6 et 9 août 1945. C'est à Hiroshima, le lundi 6 août 1945, qu'a commencé l'âge atomique. En cette belle matinée d'été, les habitants ne se doutent de rien, ils n'ont jamais été bombardés depuis le début de la guerre. Ils ne savent pas qu'ils ont été choisis pour être les premières victimes de la bombe nucléaire. Ce matin-là, une belle journée se prépare, il fait très chaud, le ciel est clair et limpide. On entend les cigales chanter. C'est le temps idéal. Seul le mauvais temps aurait pu sauver Hiroshima ce jour-là. Vers 8 h 10, le bruit des avions se fait entendre, trois bombardiers B29 arrivent dans le ciel. À 8 h 15, une bombe atomique d'une puissance de 15 kilotonnes est larguée. La sirène n'a retenti que deux minutes avant. Une énorme boule de feu est visible, puis c'est le noir total. Après l'onde de choc, la belle ville de Hiroshima, avec ses petites maisons en bois, ses jardins, est instantanément rasée, provoquant des milliers de morts, humains et animaux, « brûlés vifs » par la chaleur qui se dégage de l'explosion. La chaleur carbonise les cadavres et les rend méconnaissables. Le carnage est épouvantable et prolongé, car ceux qui ne sont pas morts sur le coup décéderont plus tard de leurs blessures ou de mystérieuses et horribles maladies, de cancers, de leucémies, on parle alors de « peste atomique ». Le Japon refusant de capituler, notamment car l'empereur veut rester au pouvoir, un autre bombardement est effectué à Nagasaki le 9 août tuant aussi des milliers de personnes et détruisant des quartiers entiers. Cette fois, c'est le plutonium qui a été utilisé pour fabriquer la bombe, c'est moins cher et plus rapide qu'avec l'uranium. L'empereur Hirohito capitule le 2 septembre suivant et il restera sur son trône. L'utilisation de la bombe atomique était-elle la seule solution et le seul moyen de contraindre les Japonais à la capitulation ? Était-ce vraiment un mal nécessaire, comme on l'a dit à cette époque, pour mettre fin à la guerre et sauver la vie de soldats américains ? Quels intérêts ces explosions d'armes de destruction massives, voulues et conçues comme telles, ont-elles servis ? La bombe atomique a pu être conçue, dans le plus grand secret, grâce à l'alliance inédite des militaires, des industriels, des politiques, des scientifiques et des médecins. Dès 1945, des expérimentations ont été menées sur le corps humain pour mesurer les effets des radiations sur l'homme. Scientifiques et médecins avaient conscience de la menace que constituait la radioactivité, mais tout a été dissimulé afin de ne pas entraver le développement du nucléaire.

Camus, une des très rares voix de protestation, s'indigne et dénonce l'usage de la bombe atomique dans son célèbre éditorial du journal « Combat » qu'il dirige de 1944 à 1947. « La civilisation vient de parvenir à son dernier degré de sauvagerie. Il va falloir choisir, dans un avenir proche, entre le suicide collectif ou l'utilisation intelligente des conquêtes scientifiques ». Et il conclut : « Devant les perspectives terrifiantes qui s'ouvrent à l'humanité, nous apercevons que la paix est le seul combat qui vaille la peine d'être mené… »

La Seconde Guerre mondiale a été la guerre la plus meurtrière de l'histoire de l'humanité, ayant fait au total plus de 62 millions de morts et d'immenses dégâts matériels. Cette tragédie est due à la folie d'un homme, Hitler, qui pense que l'humanité est composée de plusieurs races qui ne sont pas égales entre elles et estime que son pays doit conquérir un « espace vital ». Il a commencé à mener, dès la fin des années 1930, une politique de conquêtes de nouveaux territoires, ainsi qu'une politique de rejet, voire d'élimination des juifs. Le nazisme apparaît monstrueux. Les juifs sont arrêtés et transférés dans des camps, traités comme du bétail. Dans le camp d'Auschwitz, on tatoue sur l'avant-bras des déportés leur numéro matricule. Beaucoup vont mourir à cause des conditions de vie atroces dans les camps ou de leur assassinat dans des fours crématoires. La shoah a fait disparaître 6 millions de juifs.

En avril 1945 sort en France le film de Charlie Chaplin « Le dictateur ». Le film a été tourné pendant la guerre. Le tournage débute en septembre 1939, alors que la Deuxième Guerre mondiale vient d'éclater. Pour la première fois, Charlot renonce au film muet, pour délivrer plus facilement un message politique. Réaliser une comédie sur Hitler est très délicat, mais Charlot est indépendant financièrement, il peut prendre des risques. Charlot joue un barbier juif vivant dans une dictature européenne, il joue aussi le rôle du dictateur, parodiant et ridiculisant Hitler. Le film sort à New York en octobre 1940 et obtient un succès considérable. Né le 16 avril 1889 à Londres dans la misère, Charlot est né quasiment en même temps qu'Hitler (à quatre jours d'intervalle), il lui ressemble, il a la même petite moustache, tous les deux ont accédé à une notoriété mondiale malgré leur origine modeste, mais la ressemblance s'arrête là, l'homme qui fait rire est épris de liberté et de fraternité, l'homme qui fait peur est fou et ne rêve que de puissance, de domination, de violence et de destruction.

Nous sommes faits de l'étoffe de nos rêves et notre petite vie est entourée de sommeil.

William Shakespeare

Au lendemain de la guerre, les Français sont traumatisés, meurtris dans leur corps et dans leur âme à cause des angoisses et des privations, comme s'ils étaient atteints par une maladie invisible qui les anéantit. Ils ressentent une haine vis-à-vis des nazis, mais pas envers le peuple allemand, victime comme eux de la folie d'Hitler. Mais tout le monde veut oublier. Il faut travailler plus que jamais. À force de travail, de sacrifices et d'économies – ils n'achètent quasiment rien –, tes parents espèrent se hisser au rang de propriétaires, mais ils savent que cela leur prendra des années. Leur maison ne comporte que deux pièces. La porte d'entrée donne directement dans une grande pièce qui sert de cuisine grâce à une grande cheminée et une cuisinière à bois, mais aussi de salle à manger, de salon. Une table en bois est installée au milieu de la pièce, avec le tiroir dans lequel on met le pain et le couteau et les deux bancs de chaque côté. Un buffet permet de ranger la vaisselle. Il n'y a pas de canapé pour se détendre. Le soir après le travail, ils mangent et vont se coucher. Dans la deuxième pièce, la chambre, il y a un lit et une armoire. Comme dans la plupart des maisons, à cette époque, il n'y a pas d'eau sur l'évier, pas de salle de bain, les toilettes sont au fond du jardin. Il faut aller chercher l'eau au puits à une centaine de mètres. Ils ont quelques vaches dans un bâtiment et un poulailler. Quelques hectares de terre qu'ils louent, comme la maison, leur permettent de cultiver la terre. Jusqu'à la guerre et les années qui suivent, les petites exploitations forment la plus grande part de l'agriculture : petites fermes à petit rendement, à petites ambitions, mais qui permettaient de vivre dans une autonomie somme toute rassurante. Si la météo se montrait clémente, les paysans savaient qu'ils auraient de quoi se nourrir, même si vivre de la terre est souvent rude et synonyme de pauvreté, les rendements étant parfois médiocres. Mais tes parents ne se sentaient pas pauvres, c'était leur vie et ils l'aimaient malgré tout. D'ailleurs, tous les deux ont eu une longue vie. Autrefois, les paysans avaient une des meilleures espérances de vie à la naissance. Aujourd'hui, beaucoup sont endettés et se suicident, prouvant le malaise dans cette profession. Les « fermes-usines » ont remplacé les paysans et les animaux sont traités comme de vulgaires objets, même si certains agriculteurs sont très soucieux du bien-être animal. Il existe heureusement encore des fermes à taille humaine dans lesquelles les animaux sont bien traités et peuvent sortir, voir la lumière du jour. Tes parents aiment leurs animaux. Matin et soir, il faut traire les vaches, c'est souvent ta mère qui s'en charge. L'été, c'est ton père qui emmène les troupeaux aux pâturages, avec sa chienne. Car les vaches mangent de l'herbe, à cette époque. D'ailleurs, c'est la nourriture qu'elles devraient toujours manger. Si on leur avait toujours donné de l'herbe, il n'y aurait pas eu les problèmes de « vaches folles ». Aujourd'hui, la plupart des vaches ne voient plus la lumière du jour et ne savent pas ce qu'est un brin d'herbe. Jusqu'en 1950 environ, les paysans cultivent la terre, comme cela se faisait depuis des siècles, avec des moyens ancestraux. Après cette date apparaissent des techniques de culture plus modernes, les nouvelles semences, l'emploi des engrais et des traitements, la mécanisation. L'achat d'un tracteur, qui remplace la traction animale, avec le cheval ou le bœuf, est une révolution. Parfois, ils n'avaient que les vaches pour tirer les outils. Pour l'élevage, l'amélioration des races grâce à la sélection et à l'insémination artificielle vient aussi révolutionner l'agriculture. Tu en feras d'ailleurs ton métier. Mais, à la fin de la guerre, tu as seulement sept ans, tu ne sais pas encore ce que tu feras même si, à cette époque, les fils succèdent à leur père, ils n'ont pas vraiment le choix. À sept ans, tu vas à l'école. Je t'imagine comme un enfant sage, discipliné, appliqué et studieux, sûrement un peu timide. L'instituteur est sévère, les élèves ont souvent des punitions, mais il t'aime bien. Vous apprenez l'orthographe, le calcul, l'histoire et la géographie. Le but, c'est la réussite au certificat d'études. À midi, vous mangez ce que les élèves ont apporté et c'est le maître qui cuisine, dans cette école où vous êtes peu nombreux. Les élèves s'occupent un peu du ménage et alimentent le poêle l'hiver. Vous écrivez avec un stylo-plume que vous trempez dans l'encrier rempli d'encre violette. Il faut s'appliquer, bien égoutter la plume pour ne pas faire de tâche et sécher l'encre sur la feuille avec le buvard. Certains élèves ne voient pas l'utilité de ce que le maître leur apprend à l'école, les livres, ils n'en possèdent aucun chez eux. À quoi cela va-t-il leur servir ? Ne sont-ils pas destinés à travailler la terre ? Mais, toi, tout t'intéresse. Peut-être as-tu appris quelques vers du recueil de poèmes de Prévert « Paroles » paru en 1946 après la guerre et qui a eu beaucoup de succès. « Le soleil brille pour tout le monde, il ne brille pas dans les prisons, il ne brille pas pour ceux qui travaillent dans la mine. Ceux qui passent leurs vacances dans les usines, ceux qui ne savent pas ce qu'il faut dire… » Est-ce que le soleil brillait pour toi pendant ton enfance ? Je crois que ta première souffrance, c'est d'être fils unique. Tu es seul avec tes parents, alors que tes camarades de classe ont des frères et des sœurs. L'amour de tes parents te semble parfois étouffant. Tu t'ennuies probablement, car tes parents travaillent beaucoup et tu es souvent livré à toi-même. Insidieusement, la solitude et la tristesse s'installent. Mais je sais que tu aimes l'école et la nature, où tu vas te réfugier. Tu es un peu malingre. Malheureusement, je n'ai pas de photo de toi enfant. Vers l'âge de dix ans, tes parents t'offrent, en été, des vacances à la mer, en Vendée. Tu y vas avec une institutrice du village, tes parents ne s'autorisant pas à quitter la ferme en été, période pendant laquelle il y a beaucoup de travail. Tu gardes de ce séjour un souvenir merveilleux. D'ailleurs, adulte, c'est en Vendée que tu emmèneras ta famille en vacances. Tu es émerveillé, par la découverte, pour la première fois, de la mer, de l'immensité de l'océan, de l'air vivifiant. Les vagues qui viennent mourir sur le sable te semblent un spectacle extraordinaire, que tu ne te lasses pas de regarder. L'éblouissement de la mer, l'ivresse que te procure la brise marine te laissent un souvenir magique. Tu aimes contempler l'horizon infini, là où la mer rejoint le ciel. Car il suffit de quelques kilomètres d'horizon, que la mer nous donne, pour nous apporter une certaine consolation et enflammer notre imaginaire. Comme l'écrit Proust, qui sait si bien décrire nos ressentis, capter la vérité de ce qu'il décrit, avec souvent une pointe d'humour : « la mer fascinera toujours ceux chez qui le dégoût de la vie et l'attrait du mystère ont devancé les premiers chagrins, comme un pressentiment de l'insuffisance de la réalité à les satisfaire. Ceux-là, qui ont besoin de repos avant de n'avoir éprouvé encore aucune fatigue, la mer les consolera, les exaltera vaguement. Elle ne porte pas, comme la terre, les traces des travaux des hommes et de la vie humaine. » Ou, comme l'écrit Baudelaire, « ton cœur se distrait quelquefois de sa propre rumeur au bruit de cette plainte indomptable et sauvage. » Devant l'ampleur du ciel, des colorations changeantes de la mer, tu es heureux de constater qu'il existe sur terre des spectacles grandioses et somptueux offerts par la nature, et pas uniquement des petites mares, comme celle de ton village, dont on peut faire le tour en seulement quelques minutes. Même si cette mare est pour toi un lieu de refuge et de rêveries que tu aimes beaucoup. Pourtant, le monde dans lequel tu vis te semble bien étriqué, limité. T'es-tu senti prisonnier, dans ce petit village, entouré de tes parents qui ont les pieds bien sur terre, enracinés comme les arbres, alors que toi, tu aurais voulu être un oiseau pour voyager et découvrir d'autres paysages ? As-tu eu l'impression d'étouffer, alors qu'enfant tu souffrais d'asthme, face à cette vie, faite de privations et de travail ? Ces vacances à la mer te donnent un nouveau souffle, l'espérance d'une vie plus agréable. En quelques semaines, toi, si chétif, tu prends plusieurs kilos et tu reviens de ces vacances enchanté, avec l'envie d'y retourner. Malheureusement, tu n'y retourneras pas. La prochaine fois que tu verras la mer, ce sera la Méditerranée, pour aller en Algérie.

Ta vie se poursuit, rythmée par l'école et les travaux agricoles, car le soir, les week-ends et pendant les vacances scolaires tu aides tes parents à la ferme, comme les autres enfants. En 1952, tu as quatorze ans et tu obtiens le certificat d'études. Tu aimerais continuer à apprendre, mais pour cela il faut quitter le village, aller en pension dans une ville à plus de quarante kilomètres. Pour tes parents, il n'en est pas question. À cette époque, l'école n'est obligatoire que jusqu'à quatorze ans et la plupart des enfants de paysans arrêtent à cet âge-là. Seuls les riches continuent à étudier. Souvent, les parents refusent que les enfants poursuivent leurs études au-delà du certificat d'études. Ils invoquent des problèmes financiers, alors qu'il existe des bourses qui permettent de payer les études. La véritable raison, c'est qu'ils ne veulent pas perdre leur enfant, ils ne veulent pas le laisser partir. Peut-être que tes parents ont peur que tu ne deviennes un « Monsieur », que tu ne t'éloignes d'eux, pire que tu ne les méprises et renies tes origines paysannes. Ton rêve de poursuivre des études s'évanouit. Pourtant, même l'instituteur t'y avait encouragé. Mais tes parents veulent te garder auprès d'eux. Peut-être ont-ils peur de te laisser partir. Tu rêves de choisir un autre métier que celui d'agriculteur, même si tu ne sais pas encore précisément lequel. Pour toi, il y a trop de sacrifices à faire pour être paysan. Et puis, tu as envie de faire des rencontres, de découvrir d'autres choses et d'autres paysages. Le monde dans lequel tu vis est trop replié sur lui-même. Tes parents voient les choses différemment, tu es leur seul fils, il va de soi que leur ferme te reviendrait. Tu dois continuer le travail de la terre comme ton père et son père avant lui et comme les générations précédentes. La terre les nourrit depuis si longtemps. À cette époque, on respecte l'autorité parentale, paternelle surtout. Et d'ailleurs que peux-tu faire d'autre que d'accepter leur décision ? Tu aimes tes parents et tu sais bien qu'eux aussi t'aiment, mais tu as le sentiment d'être « leur chose », de leur appartenir et qu'ils ne veulent pas te laisser décider de ta propre vie. Tu dois leur obéir et tu te sens prisonnier d'une affection un peu trop tyrannique et exclusive. Déjà, tu te sens pris au piège, révolté qu'on te confisque tes rêves et tes espoirs, qu'on te coupe les ailes et qu'on te cloue au sol. Tes parents te condamnent à rester dans ce petit hameau, cet univers clos, à voir toujours les mêmes paysages et les mêmes personnes, comme si tu étais un peu endormi dans cette vie monotone. C'est ta première prison, l'impression que le monde se referme, que des barreaux invisibles t'empêchent d'aller voir ailleurs. Un ailleurs dont tu rêves, mais qui demeure inaccessible. Vient-elle de là ta fêlure, de ton enfance solitaire et de tes rêves brisés ? Malgré la proximité avec tes parents – vous vivez dans une toute petite maison, – finalement tu te sens très seul avec tes rêves impossibles. Tu ne peux pas t'enfuir, tu n'as nulle part où aller. Alors tu te résignes avec la sensation d'être enfermé dans ce « trou perdu » et de devoir y rester jusqu'à la fin de tes jours, au moins jusqu'à vingt et un ans, la majorité à cette époque, autant dire une éternité. Secrètement, je crois que tu en veux à tes parents. Tu gardes cela dans un coin de ton cœur, sans rien dire, en refoulant ta souffrance. Cette vie que l'on t'impose, il faut bien que tu t'en contentes.

La vie s'écoule doucement, avec ses joies et ses moments plus difficiles. Les moments de plaisir sont la chasse et la pêche que tu pratiques avec ton père. L'agriculture commence à se mécaniser. Les paysans hésitent à acheter le tracteur qui leur simplifierait la tâche, mais qui constitue un gros investissement. Au début, ils se méfient de la modernité. Les plus téméraires en achètent un, mais beaucoup observent, attendent de voir ce qui va se passer. Certains ne veulent pas investir dans un matériel aussi coûteux et ils pensent que ces technologies nouvelles vont brutaliser la terre. Ils préfèrent les moyens ancestraux comme le bœuf ou le cheval. À cette époque, les paysans n'empruntent pas à la banque. Avant d'acquérir une maison, des terres, ils commencent par les louer. Puis ils économisent pour devenir propriétaires. Emprunter, cela ne se fait pas, c'est contraire à leur mentalité. Pour devenir propriétaires, ils économisent, ils se privent, ils font des sacrifices. Bientôt, à partir des années soixante, les pouvoirs publics vont les inciter à s'endetter pour acheter du matériel, produire toujours plus et extraire de la terre le maximum de ce qu'elle peut donner. Avec la modernisation de l'agriculture, le but, c'est aussi de rendre le travail moins harassant. Nous découvrons aujourd'hui les limites de cette agriculture intensive, car certains agriculteurs ont de graves problèmes de santé, sont surendettés et se suicident plus que les autres catégories socioprofessionnelles. Mais au début des années cinquante, la majorité des paysans ne voient pas encore le monde changer. Ils pensent que les choses sont immuables, que tout restera en place. Ils sont paysans depuis des siècles et pensent que les générations futures le resteront, comme eux, comme si la paysannerie était inscrite dans leur patrimoine génétique. Ils ne savent pas encore que les paysans seront de moins en moins nombreux, que les exploitations allaient s'agrandir, que les gens allaient se nourrir avec des aliments achetés au supermarché et venus du monde entier. C'était avant que l'on n'empoisonne la terre avec les engrais et les pesticides, les produits que l'on appelle « phytosanitaires » qui tuent la terre à petit feu. D'ailleurs, la plupart des paysans, en ce début des années cinquante, ne cherchent pas à s'enrichir. Ils ne savent pas qu'ils sont pauvres, autour d'eux presque tout le monde vit comme eux. Il en fallait pourtant de l'opiniâtreté et de l'optimisme pour faire confiance aux saisons. Les déceptions que procurent les mauvaises récoltes leur laissent parfois un goût amer. Ils continuent malgré tout avec acharnement. Ils attendent l'année exceptionnelle qui va les combler, celle où l'on pourra épargner et remplir le garde-manger. Ils redoutent l'année médiocre où ils auront à peine de quoi vivre. Mais ils aiment cette vie indépendante. C'est eux qui décident de leur travail, s'ils vont vendre ou pas leurs récoltes, ils n'ont pas de chef. Leur seul supérieur, c'est la nature, et pour la plupart Dieu, car ils sont en majorité croyants et pratiquants, se rendant à la messe régulièrement. Cette vie, parfois rude et pénible, leur semble une évidence. Ils savourent le bonheur de vivre au rythme de la nature. Ils sont fiers de ce qu'ils sont et de ce qu'ils font, ne se sentant pas pauvres, mais libres et heureux. Pourquoi faire des études ? Pour devenir fonctionnaire ou instituteur ? Si ces postes bénéficient d'un certain prestige et d'un respect indéniable, on appelle l'instituteur « Monsieur », ils ne sont pas si bien rémunérés. Ces métiers, bien sûr, procurent à ceux qui les exercent une certaine sécurité et les dispensent d'un travail harassant, mais eux préfèrent leur liberté. Et n'est-ce pas eux, les paysans, qui les nourrissent en leur donnant des œufs, des légumes ou de la volaille ? Bien sûr, ils sont reconnaissants vis-à-vis des instituteurs de ce qu'ils apprennent à leurs enfants. Mais pour eux la terre, celle qui les nourrit depuis des siècles reste leur bienfaitrice et ils l'aiment. Ils y sont attachés, enracinés, comme le vieux chêne du jardin. Pour eux, le travail physique, manuel est supérieur au travail intellectuel. Le vrai travail, le travail noble, c'est celui qui engage le corps, les récompenses que l'on gagne à la sueur de son front. Ils vivent dans le concret, les pieds bien ancrés dans la terre. Et on peut les regarder de haut parce qu'ils sont paysans, ils s'en fichent, ils en sont fiers.

Mais toi tu pressens que le monde est en train de changer. D'ailleurs, tu espères un changement dans ce monde que tu considères comme trop immobile et trop rude. Tu continues à travailler avec tes parents, avec au fond de ton cœur quelques regrets et un peu de rancœur. Pourtant tu profites de moments de plaisir grâce à la nature. Tu aimes accompagner les vaches aux champs avec votre chien. Tu aimes pédaler sur ton vélo en sentant le vent caresser ton visage. Tu aimes rêver en pêchant dans la mare près de la maison. Mais la vie te paraît parfois monotone malgré les nombreuses heures de travail.

L'hiver 1954 est particulièrement rigoureux. Le 7 janvier 1954, l'Abbé Pierre lance un cri d'alarme dans les colonnes du Figaro pour alerter sur la misère des sans-logis. Tous les abris, les hospices sont pleins, même les commissariats accueillent les sans-abri la nuit, mais il reste des centaines d'hommes et de femmes qui dorment dans la rue. L'Abbé et ses compagnons reprennent leurs tournées pour distribuer des couvertures et des vivres aux « couche-dehors » comme il les appelle. Le 1er février, il lance un appel sur les ondes de Radio Luxembourg, créant ce qu'on appelle « l'insurrection de la bonté » : « Mes amis, au secours, une femme vient de mourir "gelée", sur le trottoir du boulevard Sébastopol. On venait de l'expulser de son logement. Elle avait 66 ans. » Les gelées sont terribles et un bébé de trois ans meurt de froid dans le car qui abrite sa famille au milieu d'un campement de fortune. En cet hiver 1954, Paris grelotte avec une température de -15 degrés. On ressort les braseros dans les rues de Paris. Des glaçons flottent sur la Seine. Des millions de logements font défaut alors que le pays doit faire face aux destructions de la guerre et à un fort exode rural. Des familles entières ont rejoint les villes, créant des poches de pauvreté. Les bidonvilles se développent et les mesures gouvernementales font cruellement défaut. Les « couche-dehors », les SDF, recouvrent les grilles d'aération malodorantes du métro ou se réfugient sous les ponts. L'Abbé Pierre, de son vrai nom Henri Grouès, a 42 ans, il est ancien résistant et ancien député. Il a créé les « compagnons d'Emmaüs » le 23 mars 1954, mouvement laïc qui a pour but de lutter contre l'exclusion et la misère. Son appel à « l'insurrection de la bonté », selon les titres des journaux, sera le premier d'une longue série d'appels à l'aide par voie de presse. Il réclame des couvertures, des moyens de chauffage, mais aussi des volontaires et des camions. Une collecte nationale d'argent et de vêtements est organisée. Et plus d'un million de Parisiens répondent à l'appel de l'Abbé. Des bénévoles organisent des tournées de « ramassage » sous les ponts avec leur propre voiture. Les Parisiens apportent des couvertures, des vêtements, des poêles, des réchauds. Grâce à cet élan de générosité, des mandats, de l'argent arrive de toute part à l'hôtel Rochester à Paris, de petites sommes venant des anonymes ou de gros chèques donnés par des personnalités comme Charlie Chaplin, Yves Montant ou Charles de Gaulle. L'argent est stocké dans des baignoires. Sous la pression de l'opinion publique, le Parlement affecte des crédits destinés à la réalisation de logements. Douze mille logements sont construits entre 1954 et 1960.

Quant à toi et tes parents, vous ne dormez pas dans la rue, mais la maison est difficile à chauffer. Il faut mettre plusieurs épaisseurs de pulls pendant la journée et même pendant la nuit, rajouter sans arrêt du bois dans la cuisinière afin qu'il ne gèle pas dans la maison. C'est une année désastreuse pour les cultures. Ta chère mare est gelée et tu t'amuses à marcher sur la glace. Un manteau de neige recouvre tout et le spectacle est magique. L'été 1954 est comme le précédent, très frais et très humide. À quoi rêves-tu à seize ans, alors que tu travailles avec tes parents ? Je ne sais pas. Écoutes-tu la radio ? As-tu entendu Elvis Presley, qui chante en se déhanchant, des chansons de rock and roll, une musique nouvelle, qui parle d'amour et de liberté ? Il a enregistré son premier succès le 5 juillet 1954. Cet après-midi-là, le thermomètre affiche 37 degrés dans les rues de Memphis. Dans les rues désertes, étouffées par la chaleur, seuls quelques taxis circulent encore. À l'entrée du minuscule studio, « Sun Record », un jeune chauffeur routier de 19 ans, gare son camion. Amateur de chant depuis son plus jeune âge, il a rendez-vous pour enregistrer des chansons, il en enregistrera une qui deviendra célèbre « That's Alright (Mama) ». C'est une chanson du bluesman américain Arthur Crudup, enregistrée en disque 78 tours en 1946 à Chicago. Elle ne rencontre pas vraiment le succès à ce moment-là et il meurt dans la misère en 1974 d'une crise cardiaque. Mais le refrain remonterait encore plus loin, de 1926 ou 1929. Son adaptation en version rock and roll est le premier succès historique et le plus important de la carrière d'Elvis, vendu à plus de 20 000 exemplaires en 1954. Pourquoi un tel succès ? Elvis est beau, il a un sourire enjôleur, beaucoup de sensualité dans son corps et dans sa voix, une voix exceptionnelle, grave, veloutée et profonde de baryton et de ténor, un vibrato tellement émouvant. Et surtout, il a une revanche à prendre sur son enfance pauvre, voyant sa mère s'épuiser dans des boulots harassants et mal payés, et son père emprisonné pendant huit mois à cause d'un chèque falsifié d'un montant dérisoire. Elvis avait déjà enregistré un disque, il avait payé pour cet enregistrement une somme de quatre dollars, pour l'offrir à sa mère à l'occasion de son anniversaire en 1953, « My Happiness », une ballade, qui date de 1933, très douce qui parle du bonheur, de la joie de partager des moments avec une personne aimée. La face B de cet exemplaire unique, c'est le titre « That's When Your Heartaches Begin », une chanson qui parle de chagrin d'amour. L'amour sera le thème principal de ses chansons. L'exemplaire unique du 45 tours sera acheté en 2015 pour près de trois cent mille dollars par un producteur et musicien américain. Mais c'est l'enregistrement en 1954 de « That's all right », un an plus tard qui va le faire connaître. Le succès arrive rapidement. En 1957, il achètera un manoir légendaire, Graceland, pour la somme de plus de 100 000 dollars à ses parents à

Memphis. Il aime profondément sa mère Gladys, dont il est très proche, qui s'inquiète toujours pour lui. Elle n'aura pas d'autre enfant et elle reporte toute son affection sur son fils unique. Sa naissance, le 8 janvier 1935, à Tupelo dans le Mississippi, fut à la fois une joie et une immense tristesse pour ses parents. Gladys ne sait pas qu'elle attend des jumeaux. Peu avant l'aube, le premier des deux garçons passe enfin la tête, mais il est mort-né. Trente-cinq minutes plus tard, le second arrive à son tour, vivant et en bonne santé. Ses parents n'ayant pas les moyens de payer une sépulture et des obsèques, le corps du bébé décédé sera mis dans une boîte de chaussures avant d'être enterré au cimetière. En 1946, Elvis a onze ans et rêve d'un vélo. Ses parents n'ont pas les moyens de lui en offrir un. À la place, Gladys lui achète une petite guitare à douze dollars pour son anniversaire. Avec son oncle et ses voisins, il apprend à jouer ses premiers accords. En 1942, ils déménagent à Memphis, dans un HLM d'un quartier pauvre du nord de la ville. À la sortie du lycée, il travaille dans un magasin de meubles. En 1953, à 18 ans, il obtient son diplôme universitaire et enchaîne les emplois, notamment celui de chauffeur. À 20 ans, il devient célèbre, connu mondialement, grâce à la musique, cette musique qu'il aime tant, notamment le gospel qu'il entend à l'église depuis son enfance. Sa musique est un mélange de musique noire et de musique blanche, comme la country. Elvis incarne le rêve américain. Avec sa musique, un vent de liberté commence à souffler, les jeunes Américains rejettent le puritanisme de leurs parents et aspirent à une autre vie. Sa musique, tel un ouragan sonore qui balaie la planète, traverse l'Atlantique pour atteindre la France de René Coty en 1955 grâce à la radio. Ici aussi, le monde est en train de changer. Le monde ancien est en train de disparaître, mais le monde nouveau n'est pas encore là et tarde à arriver. Les jeunes ont surtout le droit de se taire, de travailler et d'accomplir leur service militaire. Ils doivent obéir à l'autorité des parents et de la patrie sans protester. Sorti en mars 1954, le roman de Françoise Sagan « Bonjour Tristesse » revendique cette envie de liberté et d'insouciance de la jeunesse. C'est le premier roman de Françoise Sagan qu'elle a écrit à dix-huit ans. Son titre est inspiré d'un poème de Paul Éluard. « Adieu tristesse, bonjour tristesse. Tu es inscrite dans les lignes du plafond. Tu es inscrite dans les yeux que j'aime. Tu n'es pas tout à fait la misère, car les lèvres les plus pauvres te dénoncent par un sourire. » J'imagine que toi aussi tu dois parfois être triste. Ta vie, ce n'est pas vraiment la misère, mais tu aspires probablement à autre chose. Le monde dans lequel tu vis est refermé, replié sur lui-même. Comment vois-tu ta vie future ? Toujours avec tes parents à la ferme ? As-tu lu le roman « Le Vieil Homme et la Mer » d'Ernest Hemingway qui reçoit le prix Nobel de littérature le 28 octobre 1954 ? Des problèmes de santé l'empêcheront de se rendre à la remise de son prix. Car son corps a été blessé à de multiples reprises. À seulement 18 ans, en 1918, il est ambulancier sur le front italien et il est atteint par un obus qui va provoquer des blessures à ses jambes. Il lui faudra trois mois pour réapprendre à marcher. Et, en 1954, il a un accident d'avion en Afrique qui lui a causé des brûlures et de graves lésions à la tête. Les journaux annoncent même sa mort. « Il faut souffrir le martyre avant de pouvoir écrire sérieusement », dira-t-il.

En cet automne 1954, tu ne sais pas qu'un événement bouleversera ta vie quelques années plus tard. Le 1er novembre 1954, à Alger et à Paris, on célèbre La Toussaint, fête catholique en souvenir des morts. Le journal « l'Alger Républicain » note qu'elle s'est déroulée « sous un ciel radieux et une chaleur étouffante. » Le beau temps est également de mise dans la capitale française. Dans le journal « le Figaro », on lit qu'« un soleil inattendu a accompagné les Parisiens qui se pressaient dans les cimetières. » Cette journée de repos, propice au recueillement, est assombrie par une série d'événements relatés à la une de l'ensemble des journaux. Ces événements sont aussi surprenants, pour les Français, que la clémence du climat automnal. « Vague de terrorisme en Algérie », annonce Le Figaro. « Trente attentats ont été commis simultanément dans les régions de Constantine, d'Alger et d'Oran. » Dans les trois départements formant alors l'Algérie française, il y a des morts, sept, principalement des militaires et des représentants du pouvoir colonial. Mais l'objectif des opérations perpétrées dans la nuit du 31 octobre au 1er novembre n'est pas de tuer, mais d'attaquer la présence française en Algérie : des postes de police, des casernes militaires, de grandes exploitations agricoles, des usines ou de grandes propriétés sont visées. Une insurrection qui s'effectue avec des moyens dérisoires. À vrai dire, la France n'a jamais eu une véritable paix en Algérie. La longue et complexe histoire de la résistance algérienne à l'occupation française est là pour en témoigner. Depuis 1830 et le début de la colonisation, les Algériens résistent. Mais la perte de l'Algérie et son corollaire, l'indépendance du pays, est pour l'heure impensable pour les dirigeants politiques français. Pour eux, « l'Algérie, c'est la France. » C'est pourtant bien le terme d'indépendance qui figure sur le tract polycopié diffusé le 1er novembre par une organisation jusqu'alors inconnue : le Front de Libération Nationale (FLN). Conçu dans la clandestinité, ce tract, actant la naissance du FLN, a été distribué sous le manteau. Structure embryonnaire, isolée, avec des effectifs et des moyens financiers et humains réduits, le FLN décide pourtant de passer à la lutte armée afin d'obtenir l'émancipation du pays. Mais, pour les hommes politiques français, dont François Mitterrand, le ministre de l'Intérieur, les nationalistes algériens sont considérés comme des terroristes. Nul ne se doute que cette flambée de violence inaugure un conflit long de huit années. La guerre d'Algérie commence alors que celle d'Indochine s'achève à peine, ce pays venant d'obtenir son indépendance. Arrivé au pouvoir en juin 1954, Pierre Mendès France dirige le gouvernement. Ne pouvant rester inactif face aux attentats, il envoie 26 000 soldats en renfort sur le terrain pour démanteler les réseaux du FLN. Mais envoyer des militaires en Algérie ne va pas résoudre les véritables problèmes, les inégalités qui existent depuis longtemps. Les neuf millions de « Français musulmans » et le million de « Français de souche européenne » forment deux groupes distincts. Le peuple colonisé est maintenu dans une situation juridique inférieure. Les Européens constituent une « minorité majoritaire » sur les plans sociaux, économiques et politiques. En 1954, seuls 16 % des enfants algériens sont scolarisés. La majorité des autochtones sont analphabètes. Et si, en France, beaucoup d'enfants arrêtent l'école à 14 ans après le certificat d'études, les enfants algériens commencent souvent à travailler à 10 ou 11 ans. On les voit dans la rue, vendeurs de cigarettes, cireurs de chaussures, parfois pieds nus. Ou, pour un salaire de misère, ils travaillent dans les champs pour les colons ou dans les vignobles lors des vendanges. Ces enfants que l'on retrouvera quelques années plus tard, quand ils auront 16 ou 17 ans parmi les combattants du FLN. Et pour ceux qui ont la chance de faire des études, ils ne pourront pas, la plupart du temps, accéder à des postes intéressants, ceux-ci étant réservés aux Européens. Les Algériens se sentent méprisés par les Européens. D'ailleurs, on les désigne, de manière péjorative, avec les termes de « Musulmans » ou d'« indigènes ». Et, si tous les Européens ne sont pas de riches colons, ils sont aussi petits commerçants, artisans ou fonctionnaires, ils sont investis d'un statut qui les distingue de la population algérienne. La séparation est également marquée par bien des aspects de la vie sociale. Les mariages mixtes restent rarissimes, les populations colonisées et colonisatrices ne se rencontrant guère, elles se côtoient, c'est tout. Albert Camus, dont la terre natale se situe en Algérie, témoigne de la misère dans laquelle les Kabyles vivent lors d'une enquête pour le journal « l'Alger Républicain ». Mais au-delà de leur pauvreté, ils possèdent une culture ancestrale bien vivante et sont attachés à leur terre.

Quand débute la guerre d'Algérie, en 1954, tu ne te doutes pas que tu devras y participer. D'ailleurs, on ne parle pas de guerre à cette époque, on parle « d'événements » ou de « pacification ». Drôle de terme, quand on sait les horreurs qui ont été commises de part et d'autre. Évidemment, les « événements » d'Algérie, tu en es informé. Si la télévision n'est pas encore dans les foyers, presque tout le monde possède un poste de radio. Personne ne se doute alors que ce conflit durera huit longues années. Et si « l'Algérie, c'est la France et la France ne reconnaîtra pas chez elle d'autre autorité que la sienne », comme l'affirme François Mitterrand, pour beaucoup de Français métropolitains, l'Algérie c'est loin et ce pays reste un territoire méconnu, on ne sait pas ce qui se passe vraiment là-bas. Dans les livres d'histoire à la gloire de la colonisation, c'est la propagande officielle qui est mise en avant. Avec nos yeux d'aujourd'hui, nous jugeons, pour la plupart d'entre nous, la colonisation comme une horreur, une barbarie et même un « crime contre l'humanité ». Mais, dans les années cinquante, à l'école et dans les manuels scolaires, on insistait surtout sur les « effets positifs de la colonisation » : la construction de chemins de fer, d'hôpitaux, d'écoles… Mais sans préciser que les progrès réalisés en matière d'infrastructures se faisaient aussi par le « travail forcé » que le gouvernement français imposait aux Algériens, un travail souvent pénible et non rémunéré. La colonisation s'est parée du masque de la civilisation. Le projet colonial s'est pensé comme un projet bienfaisant, humanitaire. Des instituteurs, fonctionnaires, médecins ont pris le chemin des colonies, car ils croyaient sincèrement à leur mission humanitaire. Mais beaucoup ont compris, sur place, que la réalité était différente et que l'exploitation des populations et des richesses se cachait derrière les bons sentiments. Et si la révolte gronde dans les populations colonisées, s'opposer à la puissance colonisatrice expose à l'exil, la prison ou la mort. À l'image de Messali Hadj, leader algérien qui est arrêté et déporté à Brazzaville au Congo en 1945. Pourtant, des hommes ont décidé de se battre, d'engager une lutte de libération nationale contre la France « coloniale » pour créer un État algérien « démocratique et populaire ». Au début, la direction du FLN est composée de seulement six hommes.

En ce 1er novembre 1954, que l'on appellera la « Toussaint rouge », si les dégâts matériels sont minimes, le FLN officialise sa présence et son passage au combat armé. Un combat qui ne s'arrêtera que lorsque l'Algérie obtiendra son indépendance.

En métropole, le choc est immense. Les hommes politiques pensent que seule une poignée d'hommes réclament l'indépendance et que ce n'est pas le désir de la majorité de la population. C'est naïf et faux. Pourtant, la France s'acharne dans le colonialisme et ne se pose pas la question de se retirer. Elle ferme les yeux et fonce tête baissée, sous-estimant ce mouvement. Les hommes politiques pensent aussi aux Français qui vivent là-bas depuis longtemps et qui considèrent qu'ils sont aussi chez eux. Négocier aurait dû être la solution. Mais la France est militairement plus forte et pense gagner le combat. Les Algériens pensent que leur lutte est légitime. Ils ne veulent pas renier leur culture, leur langue et leur religion, leur identité en fait, pour adopter celles du colonisateur. Car celui-ci tente d'imposer sa langue et sa culture. Ainsi, en mars 1938, l'arabe est déclaré « langue étrangère » et son enseignement est interdit en « Algérie française » par le décret Chautemps. À l'école, on apprend aux enfants l'histoire et la géographie françaises, on leur impose un programme, celui de l'école coloniale qui ignore leur propre histoire. Les Algériens se sentent méprisés, pour eux, le seul moyen de s'en sortir, c'est de se battre. Ils se battront jusqu'au bout pour conquérir leur liberté.

En 1954, tu as seize ans. Depuis deux ans, tu travailles à la ferme avec tes parents, parfois aussi dans les fermes autour de chez toi. Malgré la difficulté de ce travail, très physique, sans jour de repos, sans vacances, je t'imagine malgré tout lors de moments agréables, à la pêche ou à la chasse. Le contact avec le monde sauvage, la nature t'a toujours enchanté. Je t'imagine partant à la chasse très tôt le matin avec ton père. Depuis la veille, et même plusieurs jours avant, vous aviez minutieusement préparé votre matériel : la veste, les bottes, le fusil. La veille de l'ouverture de la chasse, tu ne dors pas de la nuit, le chien non plus d'ailleurs. Tu as probablement un chien, tu en as toujours eu un. Tu adores être en pleine nature, marcher ou rester à l'affût. Et, quand vous avez la chance de croiser un animal, un pigeon, un perdreau ou un lièvre et de le tuer, vous le rapportez comme un trophée. Mais il en fallait de l'adresse et de l'entraînement pour toucher sa cible ! En automne, la cueillette des champignons est aussi l'occasion de promenades en forêt. Il faut profiter de tout ce que la nature donne ! Dans ton petit village, il n'y a pas de cinéma, pas de livres, pas de piscine, pas beaucoup de distractions. Mais il y a la contemplation de la nature, le spectacle merveilleux qu'offre le ciel étoilé.

L'année 1955 est marquée par la poursuite de la guerre d'Algérie. En plus des militaires, des jeunes appelés y sont envoyés. Le 24 et le 28 août 1955, le gouvernement d'Edgar Faure procède au rappel sous les drapeaux de soldats du contingent récemment libérés. En septembre et en octobre, plusieurs milliers de ces jeunes rappelés se livrent à des actes de protestation. En septembre 1955, le Nouvel Observateur (France-Observateur à cette époque) publie l'appel dit de « Saint-Séverin », appel à la pacification signé par des appelés qui, le 29 septembre, assistent à une messe à l'église de Saint-Séverin dans le cinquième arrondissement de Paris célébrée « Pour la paix et le repos des âmes mortes des deux côtés » : « Nous sommes des soldats de tous contingents… qui devrons partir incessamment pour l'Afrique du Nord. Croyants, incroyants, chrétiens et communistes, juifs et protestants… nous sommes ici pour témoigner solennellement… de notre angoisse et de notre honte à servir par la violence une cause qui n'est pas celle de l'ensemble des Français… » « Si nos bras tremblent en tirant sur nos frères musulmans, il faut que tous les Français le sachent, c'est parce que notre conscience se soulève », lit-on encore sur le tract distribué devant l'église. L'orientation anticolonialiste, bien qu'elle soit présente chez certains soldats, n'apparaît pas comme déterminante pour expliquer les mouvements de protestation. Ils s'expliquent plutôt par les aspects moraux de cette guerre, la rupture avec l'environnement familial et affectif, certains étant mariés, l'interruption de l'activité professionnelle. En fait, ces jeunes ne savent pas vraiment ce que représente le colonialisme. Ces mouvements de protestation procèdent d'une révolte face à une contrainte perçue comme injuste et injustifiée. Mais ils ne sont pas assez amples pour éviter que les jeunes ne partent.

L'année 1956 marque une inflexion dans l'histoire de la France. La répression de la révolte des Algériens va continuer. En janvier de cette année-là, la victoire de la gauche aux élections législatives est suivie d'une profonde déception. On attendait Pierre Mendès France, très populaire, qui avait obtenu le cessez-le-feu, l'indépendance et la paix en Indochine en 1954, qui avait apaisé les tensions en Tunisie en accordant l'autonomie à ce pays et la préparation de son indépendance. Mais c'est Guy Mollet qui forme le gouvernement. Après sa visite à Alger le 6 février 1956 et la manifestation des « pieds noirs », le président du Conseil Guy Mollet, pourtant récemment élu sur la promesse de contribuer à la « Paix en Afrique du Nord », décide d'intensifier la guerre en envoyant les rappelés et les appelés du contingent dans les départements d'Algérie pour un effectif de 180 000 à 200 000 soldats. Et ils doivent servir pendant 27 mois. Ce second rappel concerne un nombre presque deux fois plus élevé de soldats qu'en 1955 et constitue l'un des symboles de l'utilisation massive du contingent. Les missions accomplies marquent l'entrée des jeunes Français dans une guerre qui s'intensifie. Le service militaire est obligatoire et les jeunes n'ont pas d'autre choix que de partir en Algérie. Dans l'année de leur vingtième anniversaire, ils partent sans idée de la réalité des tensions qui règnent là-bas. Ils ont vaguement entendu parler d'attentats, de rébellions, de fellaghas. Mais ils ne se sentent pas concernés. Certains résistent pour des raisons morales et les risques encourus. Des manifestations populaires sont organisées pour empêcher les départs. Des femmes se sont couchées sur les voies ferrées et certains jeunes gens ont saccagé des locaux militaires. Néanmoins, ils quittent la France, sans enthousiasme, car il faut bien obéir à la loi. Les sanctions infligées en cas de refus sont très lourdes, c'est la prison ferme qui attend ceux qui refusent de partir. Seuls les pères d'au moins deux enfants et si un frère est déjà en Algérie sous les drapeaux peuvent être exonérés de service militaire dans ce pays.

Les appelés n'ont pas choisi de partir et de risquer leur vie. Quelques mois après la décision d'envoyer le contingent en Algérie, à Palestro, à 80 kilomètres d'Alger, le 18 mai 1956, une embuscade provoque l'anéantissement de presque toute une unité française, un seul soldat ayant la vie sauve. Ils sont 21 hommes dans la patrouille, des rappelés de la région parisienne arrivés seulement depuis quelques jours, dont certains sont pères de famille. Dans les gorges de Palestro, c'est un spectacle grandiose et inquiétant que les jeunes rappelés vont découvrir. Les attaquants sont dissimulés derrière des rochers qui surplombent la piste et ils mitraillent avec des fusils de chasse et des armes automatiques. Un seul sera rescapé, c'est lui qui donnera les détails de l'embuscade. L'attaque surprise, l'impossibilité de se défendre, la mutilation des cadavres, le sort terrible subi par les soldats déclenchent une intense émotion. « On perçoit que là-bas c'est la guerre. Nos jeunes s'y font tuer », lit-on dans la presse. Palestro symbolisera la guerre elle-même et sa violence extrême. Les représailles entraîneront la mort de 44 Algériens. Palestro n'existe plus aujourd'hui. Cette région d'Algérie, en Kabylie, est désormais appelée Lakhdaria.

En cette année 1956, les journaux évoquent cette guerre qui ne veut pas dire son nom. Les hommes politiques refusent la négociation et sont persuadés qu'il suffit d'un peu d'énergie pour « mater les rebelles ». La négociation suppose une reconnaissance de la personnalité algérienne, c'est-à-dire de ce fait évident que l'Algérie est une entité différente de la France et non pas une province française, des départements français. En 1956, près de 200 000 appelés débarquent en Algérie. En France métropolitaine, on ne sait pas vraiment ce qui s'y passe. La propagande officielle minimise le rôle des appelés. Le journaliste des actualités évoque « une vie en plein air », une sorte de « scoutisme », laissant imaginer que ce serait un peu des vacances. Interrogé par le journaliste, le gamin ne dit rien, mais son visage s'assombrit. Cette guerre, pour les appelés, ce sera cela, un regard détourné, une fuite devant les questions. Non, ce n'était pas des vacances. Pour Jean-Marie Domenach, résistant, journaliste et écrivain, qui publie un article dans la revue « Esprit », en mars 1956, négocier avec les dirigeants de la résistance algérienne semble être la seule solution pour éviter à l'Algérie de s'enfoncer dans une anarchie sanglante. Pour lui, il s'agit de négocier et d'examiner la forme politique, juridique et économique que prendrait cette Algérie, et la nature des liens qu'elle aurait avec la France. Négocier, ce serait la tâche d'un gouvernement qui a pourtant reçu mandat des électeurs de faire la paix en Algérie. Mais le gouvernement français essaie de cacher l'ampleur de la révolte sous le vocable de « terrorisme » et

« rébellion ». Le pays ne connaît pas la réalité de la situation. La radio et la télévision sont sous le contrôle de l'État. Michelle Ducret, une historienne qui s'intéresse à l'idéologie coloniale, publie dans cette même revue « Esprit » une analyse de la situation dans cette Algérie que l'on dit française. « En ce moment en Algérie, l'histoire s'accélère en même temps qu'elle se révèle », écrit-elle. L'invisibilité de la misère des Algériens est mise en lumière. D'ailleurs, on ne devrait pas parler de la guerre d'Algérie, mais des guerres, car depuis 1830, date du début de la colonisation, les conflits n'ont jamais réellement cessé. « Un siècle de misère et d'humiliation a conduit les Algériens à la suprême révolte, celle qu'on ne peut stopper par la répression, celle qui oblige les Européens d'Algérie à repenser à leur propre situation. » Le peuple algérien, cette masse qu'hier ils côtoyaient sans la voir, se transforme soudain sous leurs yeux. Et si certains acceptent de s'interroger, d'autres se drapent dans un aveuglement qui sert leurs intérêts jusqu'au bout. Le colon ne représente qu'un des aspects du colonialisme, d'autres formes d'exploitation existent. « Mais, dans un pays où 70 % de la population vit de l'agriculture, où le problème essentiel est celui de la terre, où le régime colonial a concentré plus de deux millions d'hectares entre les mains de 6 000 gros propriétaires, » le colon est devenu le symbole d'une exploitation dont il est le principal bénéficiaire. Même s'il ne se sent pas responsable : ce n'est pas lui qui a fait la conquête de l'Algérie et il a mis en valeur les terres dans des conditions souvent pénibles. Et, si certains colons respectent les lois et la justice, payant leurs ouvriers au tarif officiel et leur faisant bénéficier d'avantages sociaux, certains les exploitent férocement. Si les colons représentent une grande diversité de situation et de richesse, la plupart des Algériens vivent dans une grande pauvreté et une grande précarité. Beaucoup ne trouvent dans le travail de la terre qu'un travail saisonnier et l'homme est souvent le seul à avoir un véritable salaire pour une famille de sept ou huit personnes. L'Algérie est riche, mais beaucoup d'Algériens vivent dans des conditions très précaires. La France a doté l'Algérie de splendides barrages, mais les Algériens vivent sans eau ni électricité dans des maisons misérables. Un monde est en train de s'écrouler, « le colonialisme a fait son temps, et partout contre lui, les révoltes se font révolutions », écrit Michelle Ducret. Or comme les hommes politiques ne le comprennent pas ou refusent de voir la réalité, la violence va redoubler. Alors, pourquoi continuer cette guerre ? Camus, dans son livre « la peste », dénonce la guerre : « Il y a eu autant de pestes que de guerres et pourtant pestes et guerres trouvent toujours les gens aussi dépourvus. Quand une guerre éclate, les gens disent : "ça ne durera pas, c'est trop bête" et sans doute une guerre est certainement trop bête, mais ça ne l'empêche pas de durer. La bêtise insiste toujours. » La guerre rend les hommes fous et ils se conduisent de façon scandaleuse. Le conflit algérien va s'enliser, devenir de plus en plus violent et rendre impossible ce qui était peut-être envisageable en 1956, mais au fond utopique, une entente entre Algériens et Européens. Mais après huit années de conflits et de violences, les Européens seront obligés de quitter l'Algérie.

Pour toi, les jours passent, les mois défilent avec une certaine monotonie. Les saisons, si importantes pour les paysans, apportent leurs lots de plaisirs et de difficultés. Ainsi, le mois de février 1956 est le mois le plus froid du vingtième siècle en Europe. Deux ans après le terrible hiver 1954, déjà très dur et marqué par l'appel de l'abbé Pierre, les rigueurs de l'hiver 1956 sont encore plus terribles. Entre le 31 janvier et le 28 février, une vague de froid et de neige s'abat sur la France et l'Europe. La fête de la chandeleur a lieu le 2 février. « À la chandeleur, l'hiver se meurt ou prend vigueur ». Ce dicton est vérifié de manière éclatante ce jour-là. Une chute extrêmement brutale des températures se produit sur toute la France après un mois de janvier très doux. « Il vaut mieux voir un voleur dans son grenier qu'un laboureur en chemise en janvier », ce dicton va se vérifier. La douceur des deux mois précédents, suivie par une grosse vague de froid, entraîne de gros dégâts sur la végétation. C'est une année catastrophique, les cultures sont brûlées par le froid. Comme il arrive sur des sols gorgés d'eau, il endommage les cultures d'hiver, avoine, blé et colza. Les champs de blé doivent être réensemencés en mars et la facture est énorme pour les agriculteurs. Ce froid très intense persiste plusieurs semaines, jusqu'au mois de mai, car le printemps n'est qu'un hiver prolongé. Aucune région n'échappe au gel. La production agricole est la grande victime. Comme en 1954, il faut lutter contre le froid. Souvent, les chambres ne sont pas chauffées. Avant de se coucher, on mettait une bouilloire dans les lits.

Cette année-là, tu passes ton permis de conduire. C'est la première photo que j'ai de toi, celle sur ton permis, qui t'est délivré le 7 septembre 1956. Tu as tout juste 18 ans. J'aime te regarder, ton visage est différent de celui que j'ai connu, c'est une époque passée que je ne connaîtrai jamais. Te regarder, c'est à la fois fascinant et douloureux, car je ne te reverrai plus, ton visage a disparu à jamais. Je le scrute en espérant y découvrir ton mystère. Tu as l'air heureux, un léger sourire éclaire ton visage, une étincelle brille dans tes yeux. Tu portes une veste sombre, une chemise blanche et une cravate à motifs, tu as l'air très élégant. Tes cheveux très bruns sont coiffés en arrière, courts sur les côtés, ils sont épais et forment une touffe au-dessus de ton visage. Une coiffure qui devait être à la mode à cette époque, Elvis Presley et Albert Camus sont coiffés de la même façon. Tu vois, je ne te compare pas à n'importe qui ! Je ressens une certaine joie, un espoir dans ton regard. Tu es jeune et tu as tout l'avenir devant toi. Je n'y vois pas d'inquiétude. Peut-être est-ce la satisfaction d'avoir obtenu ton permis de conduire ? Ainsi tu pourras aller plus loin qu'avec ton simple vélo, le jour où tu auras une voiture ! Tu as toujours pris soin de ton apparence physique. Je t'imagine en train de te coiffer. Tu passes le peigne dans tes cheveux, puis ta main pour lisser ta chevelure. Comme Elvis Presley au début du film « Bagarres au King Créole » sorti en juillet 1958 aux États-Unis et en 1960 en France. Il a été tourné au début de l'année 1958, avant qu'Elvis ne parte faire son service militaire obligatoire. C'est son quatrième long métrage. Il y joue le rôle de Danny Fischer, un jeune d'un milieu modeste, un rôle qui lui ressemble. J'aime beaucoup le début du film. Elvis est au premier étage de sa maison. Il chante du balcon de sa chambre et donne la réplique à une chanteuse de jazz Kitty White, qui joue le rôle d'une vendeuse qui vend ses poissons dans la rue. Ils chantent un morceau de blues lancinant « crawfish » dans lequel flotte un esprit mêlant musique blanche et noire. La musique est belle, mais il vaut mieux ne pas comprendre les paroles qui parlent d'une écrevisse à faire bouillir ou à faire frire ! Le film a reçu d'excellentes critiques et a eu beaucoup de succès. Il s'impose sans conteste dans la filmographie d'Elvis, car, il faut bien l'avouer, ses trente et un films, s'ils furent très populaires à leur sortie, sont aujourd'hui moins appréciés pour la plupart, même si je les regarde toujours avec plaisir ! Son mystérieux manager, qui se fait appeler Colonel Parker, sans doute pour impressionner ses interlocuteurs, n'a jamais été colonel dans l'armée. Il a bien travaillé dans l'armée américaine quelque temps, mais en tant que soldat. Et son véritable nom n'est pas non plus Tom Parker. Il est né aux Pays-Bas et serait entré illégalement aux États-Unis. Il lui fait tourner des films à faible budget et qui doivent rapporter beaucoup d'argent. Ils sont surtout des prétextes à voir Elvis chanter. Son ambition de jouer dans des films plus intéressants a été contrecarrée par les demandes de négociations de Parker, il demandait des cachets trop importants, ou par des refus catégoriques de celui-ci. Il reste toutefois dans ses films le charme d'Elvis, sa beauté et sa voix envoûtante. Il est toujours prêt à « dégainer » son peigne pour recoiffer sa « banane » ou « pompadour » comme l'appellent les Américains, même si une mèche rebelle retombe souvent sur son front. Il veut plaire aux filles et sait se monter charmeur, comme tous les jeunes et je pense que toi aussi probablement. Le dimanche après-midi, tu vas au bal, une des rares distractions qui est offerte aux hommes et aux femmes de cette époque, une occasion aussi de faire des rencontres. L'amour n'est-il pas la préoccupation principale des jeunes ? Diffusée en novembre 1956, la chanson de Jacques Brel « Quand on n'a que l'amour » est son premier véritable succès. Tu as dix-huit ans et toi aussi tu espères probablement trouver l'amour et une femme pour partager ta vie. Se construire une famille, c'est la priorité à cette époque. Tu es bien loin des problèmes qui secouent l'Algérie.

À la fin de l'année 1956, Alger devient la cible du FLN. Presque tous les jours des attentats s'y déroulent. Les forces de sécurité sont impuissantes pour faire face à cette offensive sanglante et de grande ampleur. Le gouvernement donne l'ordre de rétablir la sécurité à Alger et d'éradiquer le FLN considéré comme une organisation terroriste. Quatre régiments de parachutistes sont déployés dans la ville pour identifier les réseaux et éliminer leurs membres. En 1957, la situation s'aggrave. Le ministre socialiste Robert Lacoste décide le 7 janvier de remettre les pouvoirs de police, non plus au préfet, mais au général Massu. Les parachutistes qu'il commande investissent la capitale pour démanteler les réseaux du FLN. Ce qu'on appellera « la bataille d'Alger » durera du 7 janvier au 8 octobre 1957. Un système est instauré qui autorise les forces de l'ordre à arrêter, détenir et interroger tout « suspect » dans l'objectif d'une lutte plus efficace contre l'adversaire. Ce système s'est mis en place sur un fondement légal : les pouvoirs spéciaux. Cette loi, votée par le Parlement en 1956, a donné carte blanche au gouvernement pour rétablir l'ordre en Algérie. Elle a permis l'adoption d'un décret autorisant la délégation des pouvoirs de police à l'armée, qui a été mis en œuvre par arrêté préfectoral, d'abord à Alger, puis dans toute l'Algérie. Si certains officiers y sont hostiles et le font savoir, la torture est utilisée par d'autres pour obtenir des renseignements.

Cette « bataille d'Alger » entraîne de nombreuses disparitions. Au soir du 11 juin 1957, Maurice Audin, assistant de mathématiques à la faculté d'Alger, militant du PCA (Parti Communiste Algérien) est arrêté à son domicile par des militaires. Ce parti, qui soutient la lutte indépendantiste, est alors dissous depuis le mois de septembre 1955 et ses dirigeants activement recherchés. Dans la clandestinité, Maurice Audin aide les indépendantistes. Les hommes et les femmes arrêtés dans ces circonstances ne reviennent pas toujours. Certains sont relâchés, d'autres internés ou remis à la justice. Mais beaucoup de familles perdent la trace de l'un des leurs cette année-là à Alger. Et ces disparitions se comptent bientôt par milliers. Ils sont nombreux les disparus, parfois assassinés d'une balle dans le dos, accusés ensuite d'avoir tenté de s'enfuir et dont le corps va disparaître. Ainsi Josette Audin, restée seule avec trois jeunes enfants, retenue plusieurs jours dans son appartement, tente de savoir où son mari est détenu. Le commandement militaire lui livre, ce qui allait rester pendant des décennies la version officielle : son mari s'est évadé. Elle dépose une plainte pour enlèvement et séquestration, mais se heurte au silence et aux mensonges des témoins clés. L'enquête est définitivement close en 1962 sur un non-lieu, en raison des décrets d'armistice pris à la fin de la guerre et qui ont mis fin à toute possibilité de poursuite. Maurice Audin n'est jamais réapparu et son corps jamais retrouvé, les circonstances de sa disparition demeurent floues. Il est probablement décédé sous la torture ou exécuté. Maurice Audin avait seulement 25 ans. Il était soupçonné d'avoir hébergé des militants de son parti. Certes, la torture est un crime au regard de la loi, mais elle était utilisée comme une arme contre le FLN, et aussi contre ceux qui étaient vus comme des alliés, militants ou partisans de l'indépendance. Une arme considérée comme légitime dans cette guerre-là, en dépit de son illégalité. Les voix dissonantes n'ont pas le droit à la parole. En mars 1957, le général de la Bollardière, compagnon de la libération, proteste publiquement dans le journal « l'express » et souligne « le terrible danger qu'il y aurait, pour nous, de perdre de vue, sous le fallacieux prétexte de nécessités urgentes, les valeurs morales, qui, à elles seules jusqu'ici, avaient fait la grandeur de notre civilisation et de notre armée. » Le général sera condamné à soixante jours de forteresse. Le secrétaire général de la préfecture d'Alger, Paul Teitgen, héros de la résistance, ancien déporté de Dachau où il fut plusieurs fois torturé, envoie sa démission, car il ne peut cautionner de telles pratiques. C'est en 1957 également qu'Henri Alleg sera « interrogé ». Son livre « La question », écrit depuis sa cellule, est le récit des sévices et des humiliations qu'il subit alors. Il parvient à échapper à ses tortionnaires. Son livre, publié en 1958, relate avec précision ses longues épreuves, en même temps que les écrits et témoignages de plusieurs autres. Il contribuera à mettre le problème de la torture au centre des débats publics français.

Parmi les personnes torturées et assassinées, il a un jeune avocat algérien, Ali Boumendjel, défenestré pendant son interrogatoire. Ce drame a marqué la fin tragique d'un parcours engagé, long seulement de trente-huit ans pour ce fils d'instituteur devenu avocat. Sa mort a attiré les soupçons de l'opinion et de la presse hexagonale qui a ouvertement suggéré que son suicide par défenestration depuis un immeuble de la banlieue d'Alger n'est peut-être pas de son fait. Le journal « France observateur » a ainsi titré à l'époque : « Mais qui a tué maître Boumendjel ? ». Il était né en 1919 dans un milieu paysan kabyle. Son père est instituteur et son fils, brillant élève, poursuit l'ascension sociale entreprise par son père. Il devient avocat après des études de droit et choisit, comme son frère Ahmed qui deviendra ministre en 1962, le camp des indépendantistes. Il a quatre enfants. Il est arrêté le 9 février 1957 puis assassiné le 23 mars 1957. Il sera emprisonné, torturé, puis jeté du haut du sixième étage d'un immeuble surplombant Alger, dans le but de maquiller son assassinat en suicide. La raison de cette mise en scène, c'est qu'il était connu et qu'il n'était pas possible de le faire disparaître comme d'autres détenus. La famille de ce militant n'a jamais douté du sort qui lui avait été réservé.

Les tortures ne sont pas réservées qu'aux hommes. Les femmes, qui participent à la lutte pour l'indépendance, auraient aussi été torturées. La plus atroce des tortures, le viol, est utilisé dans toutes les guerres. L'agression sexuelle est érigée en arme de guerre. Le tabou qui entoure cette arme redoutable oblige le plus souvent les femmes à un douloureux silence. Louisette Ighilahriz, une militante nationaliste, a transgressé ce tabou en 2000 en racontant les viols répétés dont elle a fait l'objet en 1957 alors qu'elle était détenue dans un centre de parachutistes de l'armée française. Il existe une polémique, et elle est accusée d'affabulations. Elle maintient qu'elle a été torturée.

« Et qui se souvient de Fernand Iveton, ouvrier, communiste, rallié au FLN, guillotiné à Alger en 1957 ? » C'est ainsi que commence un article du journal « Libération » le 1er juin 1998, qui informe aussi de la mort de sa femme quelques jours plus tôt à 76 ans. Fernand a été l'amour de sa vie. Il avait adopté son fils, né d'un précédent mariage. En novembre 1956, ayant des convictions politiques et souhaitant l'indépendance de L'Algérie, Fernand Iveton a déposé une bombe, fabriquée par le FLN, dans l'usine où il travaillait dans le but de faire des dégâts matériels, mais en ayant pris des précautions afin que l'explosion ne provoque pas de victime. La bombe n'explosera pas, car elle sera découverte avant par le contremaître de l'usine qui a vu l'ouvrier entrer dans un local avec un sac et ressortir sans le sac. Dix jours plus tard, le délégué CGT comparait devant le tribunal militaire d'Alger, et, après un procès rapidement expédié, il est condamné à mort. Son recours en grâce est rejeté par le président de la République d'alors, René Coty. François Mitterrand, ministre de la Justice, vice-président du Conseil supérieur de la magistrature, aurait aussi donné un avis défavorable pour lui accorder la grâce, de même que le président du Conseil Guy Mollet. Deux décennies plus tard, François Mitterrand abolira la peine de mort. Mais Fernand Iveton, âgé de 31 ans, est guillotiné pour l'exemple, dans le froid du petit matin de ce lundi 11 février 1957 à 5 h 10, en même temps que deux Algériens. Ses parents et sa femme sont anéantis. Il est le seul Européen, parmi les 198 prisonniers politiques guillotinés pendant cette guerre.

Ce conflit est impopulaire. Déjà, depuis le milieu de l'année 1956, 70 % de la population française pense que l'Algérie va être indépendante et ne veut pas que les jeunes partent là-bas. La guerre d'Algérie s'est faite contre la population française qui la considère comme un « cauchemar inextricable ». Sur les 1,2 million d'appelés, combien voulaient la faire cette guerre ? Pourtant ils y sont allés, contraints et forcés pour la plupart. Ils sont près de 12 000 à avoir refusé, d'une manière ou d'une autre, d'y participer, soit une poignée, 1 % des appelés. Refusant de devenir les « dormeurs du val » d'une guerre qui n'est pas la leur, certains font comme le déserteur de Boris Vian. Ils écrivent des lettres à Monsieur le Président René Coty et son successeur Charles de Gaulle. Ils finissent en prison, en métropole ou en Algérie ou sont souvent obligés de partir à l'étranger. On les appelle les « soldats du refus ». Ils ne risquent pas la mort, comme ceux de la guerre 1914-1918, qui désertaient et qui étaient fusillés pour l'exemple, pour empêcher les autres soldats d'en faire autant. Mais ils entrent dans la clandestinité, ils s'exposent à une vie en marge et sont obligés de se cacher.

Parmi ceux qui refusent de faire cette guerre, Michel Boujut a écrit un livre pour raconter son histoire, ses moments clés et la naissance d'une vocation, car il va consacrer sa vie au cinéma : « Le jour où Gary Cooper est mort ». Le 13 mai 1961, le jour où le monde apprend la mort du célèbre acteur américain, il débarque à Paris et décide de ne pas obéir à l'ordre de rejoindre son bataillon militaire pour le service et de partir en Algérie. Il décide de se cacher en passant le plus de temps possible dans les salles de cinéma à Paris. Son grand-père Maurice est mort à 26 ans en septembre 1914 et son père Pierre a été prisonnier dans un stalag pendant quatre ans et demi durant la Seconde Guerre mondiale. Il sait d'où vient sa colère et sa révolte. Il ne veut pas faire partie des sacrifiés sur l'autel de la patrie. Il choisit la clandestinité et, en attendant de passer la frontière, sur le conseil d'un ami, il regarde des films pendant deux semaines dans des salles de cinéma. Pour lui, la guerre est perdue d'avance et la décolonisation inévitable. Il aurait eu l'impression de se renier lui-même s'il y était allé. Condamné par contumace à dix ans de prison, il se réfugie en Suisse à Lausanne où il approfondit son intérêt pour le septième art.

Les « soldats du refus » sont emprisonnés, en métropole ou en Algérie, à Alger et à Oran, dans des conditions souvent pénibles. Ainsi Jean Clavel n'a pas déserté, ne s'est pas caché et n'est pas parti à l'étranger. Il n'a rien dit pendant quarante ans de ce qu'il a subi pour avoir refusé de participer à cette guerre. Il reçoit son ordre de mobilisation en 1957. Il a vingt ans et est ouvrier métallurgique, communiste quand il refuse de porter les armes en Algérie. Pour cela, il a connu la prison, le cachot et le bagne. Comme d'autres, il écrit une lettre au Président de la République, René Coty, pour lui signifier son refus d'aller combattre en Algérie, car il pense que le combat du peuple algérien est légitime. Après plusieurs mois de prison à Lyon, il est traduit devant le tribunal militaire de Lyon et il est envoyé en « section spéciale » au pénitencier militaire d'Albertville, soumis à un régime très dur. Là, il restera sept mois au cachot, à l'isolement, dans le noir total, sans chauffage, sans lire ni voir qui que ce soit. Souvent le matin l'eau est gelée. Il n'a pas de lit, il dort sur le sol avec seulement une couverture. Il a faim, il a froid, il maigrit, perd vingt kilos. À l'extérieur, les protestations se multiplient face à l'emprisonnement de ces jeunes et, sous cette pression, l'armée le place dans une cellule un peu plus grande, dotée d'un poêle et d'un lit et surtout il peut lire. Il va y rester trois mois. Puis, sans lui demander son avis, le commandant lui indique, que, par décision ministérielle, il doit partir ensuite dans le désert sud-saharien à Timbouchi. Le voyage en train puis en avion se passe encadré par deux gendarmes. Les conditions de vie sont encore pires, il casse des pierres dans une carrière, dans l'enfer du bagne en plein désert. Là-bas, ils sont cinq, comme lui, à avoir refusé de combattre. Il y restera sept mois et demi. Blessé, opéré par un infirmier, boulanger dans le civil, avec une lame de rasoir mécanique, sa blessure s'infecte et il est victime d'un début de gangrène. Il a la chance de voir un médecin, car Timbouchi est aussi un dépôt d'essence et un petit avion de l'armée s'y est arrêté. Il sera évacué avec le médecin à Tindouf où il sera opéré et correctement soigné. Il y restera trois mois à l'infirmerie avant de revenir à Timbouchi. À ce moment-là, l'ambiance y a changé. Le Secours populaire a sorti un numéro spécial de son journal pour informer des conditions de vie qui règnent dans le bagne et une commission d'enquête y est envoyée. Finalement, au début de l'année 1960, après deux ans passés dans diverses prisons et « sections spéciales », il sera libéré de ses obligations militaires.

Toi, tu choisis d'obéir à la loi. Tu feras partie des 1 343 000 appelés ou rappelés qui participeront au maintien de l'ordre en Afrique du Nord (en Algérie, Maroc et Tunisie). Quelques-uns ne sont jamais revenus : 15 583 sont morts au combat et 7 917 ont été victimes d'accidents. Vous partez pour un pays dont, pour la plupart, vous ne savez pas grand-chose et pour une guerre dont vous ignorez presque tout, vous n'avez aucune idée de la réalité des tensions qui règnent dans ce pays, un pays déchiré par les inégalités sociales et par les violences commises : 42 000 incidents violents sont enregistrés en

Algérie entre 1956 et 1962. Pour la plupart des appelés, c'est un premier voyage, beaucoup n'ont jamais quitté leur famille. Sur place, vous êtes plongés dans un conflit dont vous découvrez les atrocités. Les hommes du contingent sont enlisés dans une sale besogne aussi vaine, ingrate que dangereuse. Ces jeunes, que l'on dit « morts pour la France » sont en fait morts pour rien. Comme les destins individuels, le destin d'un pays est parfois marqué par des drames, des tragédies, qui auraient pu être évitées. Les erreurs commises, par les hommes, par les politiques, sont souvent mises en évidence des années plus tard. Sur le moment, dans le feu de l'action, de mauvaises décisions sont prises. Avec le recul, nous jugeons plus aisément de ce qu'il aurait fallu faire, mais, à cette époque, les hommes politiques avaient une vision des choses différente de celle d'aujourd'hui.

Dans les comptes d'apothicaire
Vingt ans, c'est une somme de bonheur
Mes vingt ans sont morts à la guerre
De l'autre côté du champ d'honneur
Si j'connus un temps de chien, certes
C'est bien le temps de mes vingt ans
Cependant, je pleure sa perte
Il est mort, c'était le bon temps

Georges Brassens, *Le temps passé*

Tu m'as raconté « ta » guerre d'Algérie, car elle est différente pour chaque appelé en fonction du lieu d'affectation, du poste occupé, de la période, des traumatismes vécus. Tu ne m'as pas raconté les horreurs de la guerre « cela, on n'en parle pas », m'as-tu dit. « De toute façon, il y en a eu des deux côtés, alors il vaut mieux ne pas en parler », m'as-tu encore dit. Comme beaucoup, tu as décidé de garder le silence sur les atrocités commises pendant cette guerre. C'est toujours tabou presque soixante ans plus tard et, comme presque tous les autres, tu as préféré oublier. À quoi bon faire remonter à la surface des choses enfouies depuis si longtemps ? Peut-être portais-tu aussi en toi encore la honte d'y avoir participé, même si, en tant que radiotélégraphiste, tu n'as ni tenu ni utilisé une arme. C'était ton choix, de ne pas participer aux combats, de ne pas te battre. Mais tu ne pouvais pas ignorer la barbarie de cette guerre, de surcroît inutile. « Nous n'aurions pas dû y aller », m'as-tu confié, en ajoutant « mais nous étions obligés. Le service militaire était obligatoire à cette époque. » Refuser de partir, c'était devenir « hors-la-loi », risquer la prison. Les « trois jours » pour vous déclarer « aptes au service » duraient en fait une journée et se limitait à une visite médicale. Très peu de personnes étaient réformées et pouvant échapper au service militaire. Il fallait être gravement malade ou handicapé. Certains ont simulé la folie, mais alors, ils risquaient d'être exclus de la fonction publique ou de certains emplois. Ils réduisaient ainsi leurs choix pour leur future vie professionnelle. Tu as été jugé « apte pour le service ». Ta demande pour être radiotélégraphiste a été acceptée et tu es soulagé de ne pas avoir à te servir d'une arme. Tu as effectué quatre mois de classe à Agen pour apprendre, notamment, à transmettre les messages en morse. Tu es entré dans l'armée le 1er mai 1958, tu venais d'avoir vingt ans le 16 avril. Comme la majorité des autres appelés, tu es parti en Algérie l'année de tes vingt ans, alors que tu n'étais pas encore majeur, la majorité étant à vingt et un ans à cette époque. Avoir vingt-ans en 2020 ce n'est pas drôle à cause du confinement et du covid, mais avoir vingt-ans à cette époque, c'était bien pire. Vingt ans, c'est un âge charnière entre enfance, adolescence et âge adulte. C'est l'âge des derniers moments d'insouciance et de liberté, l'âge où on danse, où on refait le monde jusqu'au bout de la nuit. Vous étiez encore des gamins, vous aviez envie de vous amuser, de sortir, de rencontrer des filles, de construire votre avenir professionnel et familial et non pas de partir vers un pays inconnu pour être soldat. Vous êtes freinés dans votre parcours de vie, une vie bousculée par ce départ en Algérie, une vie qui s'arrête brutalement. À vingt ans, au commencement de ta vie d'adulte, tu n'es pas encore vraiment un homme. Je t'imagine fougueux et plein de désirs, d'espoirs et de rêves. Tu es beau avec ton épaisse chevelure brune, ta taille fine et l'étincelle qui brille dans tes yeux. Tu as toute une vie devant toi, une vie à construire, à imaginer et là, ton élan est stoppé. Le 30 octobre 1958, tu prends le train en destination de Marseille, un trajet de plus de dix heures. Pendant le trajet, tu repenses à tes parents auxquels tu as dit au revoir, à l'angoisse de ta mère que tu as lue dans ses yeux. Lors de ces départs à la guerre, il y a l'angoisse des mères qui voient leur fils partir loin, et en plus toi tu es fils unique. Ces mères qui voient partir leur richesse la plus précieuse, leurs enfants. Ces mères qui, pour la plupart, ont déjà vu leur mari mobilisé pendant la Deuxième Guerre mondiale. Fallait-il que ces jeunes hommes partent risquer leur vie dans ce pays lointain ? Les guerres finiraient-elles par s'arrêter un jour ? Les questions que les mères se posent sont toujours les mêmes. Il y a aussi les insomnies des mères, leurs ultimes recommandations avant le départ : « Ne prends pas de risques inutiles, prends soin de toi, mange bien... », les conseils des pères : « ne te fais pas remarquer, respecte la discipline ». Tous ces conseils qui paraissent bien dérisoires. L'inquiétude des parents se mêle aussi à l'idée de fatalisme. Il ne leur reste que l'espoir que tout se passe bien et que leur fils revienne en bonne santé. Ces heures de train pendant lesquelles tu repenses à ta vie passée te font prendre conscience que tout désormais va changer. Tu devras t'habituer à un nouveau travail, à la vie en collectivité avec les autres appelés, expérience que tu as déjà vécue pendant les mois de classe à Agen, mais qui va durer plus longtemps en Algérie, car tu pars pour deux ans, avec seulement une permission. Toi, tu as l'habitude de la solitude avec tes parents et dormir dans des dortoirs avec tes camarades est tellement nouveau pour toi. Et traverser la méditerranée, te retrouver dans un pays en guerre te fait peur. Tu vois défiler les paysages, tu n'es jamais allé aussi loin, tu n'as jamais quitté tes parents auparavant, sauf pour un séjour à la mer. À l'arrivée à Marseille, tu prends pour la première fois le bateau pour un voyage qui durera vingt-quatre heures. L'embarquement se fait dans le plus total inconfort. Vous arrivez soit à Alger, soit à Oran. Dès l'embarquement, vous avez la sensation de devenir de simples numéros. Tu supportes de longues heures de mer pour arriver à Alger, c'est un voyage épuisant. La traversée de la méditerranée s'effectue sur un grand paquebot. À fond de cale, elle laisse parfois des souvenirs amers. Je t'imagine sur le pont, au grand air, pour éviter la cale où beaucoup s'entassent, certains sont malades et ont le mal de mer, vomissent et il y règne une odeur nauséabonde. Sur le pont supérieur, tu peux respirer l'air marin et admirer la mer Méditerranée que tu découvres pour la première fois. Comme moi, tu n'as pas le mal de mer. Tu n'es pas malade, mais la fatigue de ce voyage, qui dure plus de trente-six heures en tout, presque sans dormir, se mêle à une angoisse et une révolte sourdes qui te serrent la gorge, tu vas vers l'inconnu. Et soudain, ta vie qui te semblait si monotone avec tes parents, tu la regrettes, tu voudrais faire marche arrière, retourner chez toi, retrouver la sécurité et la chaleur de ton foyer. Ce n'est pas possible. Encore une fois, la vie te force à emprunter un chemin que tu n'as pas choisi. Comme les autres, tu as la mine chiffonnée par le manque de sommeil à ton arrivée à Alger. Selon l'état de la mer, certains ont le cœur au bord des lèvres. Tu te sens désemparé, avec des craintes et des interrogations, et tu te demandes ce que tu fais là. Tu as le sentiment que l'histoire te dépasse, tu n'en mesures pas tous les enjeux. L'arrivée à Alger reste pourtant inoubliable. Tôt dans la matinée, la ville apparaît dans toute sa magnificence. Ce n'est d'abord qu'une tache blanche se découpant sur les reliefs, puis, peu à peu, à mesure de l'avancée du bateau, les détails apparaissent. « Alger la blanche » se dévoile alors avec la casbah, son entassement de petites maisons cubiques, des bâtiments enduits de chaux, des rues escarpées. La magnifique basilique catholique Notre-Dame d'Afrique, située à l'ouest d'Alger sur un promontoire dominant la Méditerranée, se dresse sur une colline à 124 mètres d'altitude, elle arbore un grand dôme argenté et des mosaïques. Le port avec ses grues, les immeubles neufs, les coins de verdure préservés, son boulevard du Front de Mer soutenu par ses arcades font de cette ville un lieu atypique. Lors du débarquement, un choc thermique et esthétique vous attend. La chaleur du soleil et la beauté d'Alger éblouissent les yeux. Mais la beauté farouche de ce pays ne fait pas oublier que c'est la guerre. Le soleil peut bien briller, la peur glace le sang. Après le voyage éprouvant sur le paquebot, tu as pris le train à travers les montagnes, un train qui transporte aussi les animaux. À un moment, vous avez dû descendre du train pour le pousser. Ta première affectation, au Fort d'El Kantour, un village au nord-est de l'Algérie, est à 48 kilomètres de Philippeville. Cette belle ville, au bord de la mer, se nomme aujourd'hui Skikda. Le Fort d'El Kantour est situé entre Philippeville et Constantine. Au Fort, tu es le seul Européen parmi trente-deux Sénégalais. Tu ne connais pas encore la raison d'une telle affectation, qui ressemble un peu à une punition. Tu la découvriras quelques mois plus tard, par hasard, en consultant ton dossier qui, normalement, est confidentiel, mais qui, ce jour-là, n'est pas sous clé. Tu as été jugé antimilitariste, alors que tu ne l'étais pas du tout. Au contraire, tu as toujours été respectueux de l'autorité. Mais, le jour de l'examen de radiotélégraphiste, alors que tu effectuais une manipulation de façon non conforme et que le militaire qui t'évaluait t'en a fait la remarque, tu lui as répondu sèchement qu'il n'y avait pas d'autre solution à cause de l'appareil défectueux : « Si vous réussissez à le faire de cette façon, faites-le », lui as-tu dit. Chez les paysans, on dit les choses franchement et sans détour. Le militaire n'a pas dû apprécier le franc-parler paysan et ta façon de le remettre à sa place et il a marqué ton dossier à l'encre rouge. Mais au Fort, tout s'est bien passé. Un souvenir marquant, ce sont tes premières fêtes de Noël et de Nouvel An que tu passes avec des étrangers, loin de ta famille. C'est pourtant un souvenir assez agréable, car un colonel est venu au Fort avec de bons plats et du vin. Cela change de l'ordinaire, car, il faut bien l'avouer, la nourriture est plutôt mauvaise la plupart du temps. La nuit du Nouvel An, après un repas bien arrosé, le Fort n'est plus protégé, car à un moment donné, tout le monde dort et plus personne n'effectue le tour de garde et la surveillance des lieux ! Heureusement, aucune attaque ne s'est produite. Tu n'es pas resté là très longtemps, tu as ensuite été affecté au vaste cantonnement du Camp Fray, situé sur une colline sur les hauteurs et en périphérie de la ville de Constantine. Constantine est une ville magnifique, une des plus anciennes villes au monde, la troisième ville d'Algérie, surnommée la « ville des ponts suspendus », perchée sur un rocher et cernée par d'impressionnantes gorges. Vue du Nord, de la route de Philippeville, la ville domine les hautes plaines et la verdoyante vallée du Rhumel. Parfois, vous allez à la mer près du camp ou le dimanche, à plusieurs, vous louez une voiture pour aller dans le secteur de Philippeville ou Sétif. Tu passes tes permis de conduire, celui obtenu dans le civil n'est pas valable dans l'armée. Tu fais aussi du sport.

Elvis aussi effectue son service militaire à cette période. Il part sous les drapeaux le 24 mars 1958. Il aurait pu chanter pour les troupes et avoir un traitement de faveur. Mais il choisit d'être un soldat régulier, comme les autres, du moins sur le papier. Partir pour deux années de service militaire le déprime vraiment, car sa carrière a pris son envol depuis 1956. Il quitte aussi sa fiancée, Anita Wood, chanteuse et comédienne, qu'il a rencontrée en 1957 et avec laquelle il envisageait de se marier. Pendant son service, il lui téléphonera et lui écrira de longues lettres dans lesquelles il lui dit qu'elle lui manque. Mais il n'a pas le choix, il doit enfiler l'uniforme et dire au revoir à sa « pompadour ». De Fort Chaffee dans l'Arkansas à Fort Hood au Texas, il apprend les bases du métier. Mais il est inquiet pour sa carrière et surtout pour sa mère. Elle tombe malade début août et est emmenée d'urgence à l'hôpital. Les officiers lui signent un bon de sortie à titre exceptionnel pour qu'il puisse se rendre à son chevet. Elle décède subitement, dans les bras de son mari Vernon, le 14 août 1958 d'une insuffisance cardiaque, après avoir contracté une hépatite virale. Elvis est inconsolable et s'en veut de ne pas avoir été plus attentif à la santé de sa mère. Il ne sera plus le même après sa mort. C'est pour elle qu'il voulait être célèbre. La mort dans l'âme, il embarque pour le vieux continent le 22 septembre 1958 pour rejoindre l'Allemagne de l'Ouest. Il arrive à Friedberg. La présence d'Elvis existe encore dans cette petite ville d'Allemagne. Une statue sur un rond-point à l'entrée de la ville lui rend hommage : « Foyer militaire d'Elvis Presley », peut-on lire derrière la représentation du rocker. C'est en Allemagne qu'il rencontre Priscilla Beaulieu qui deviendra sa femme en 1967 et avec laquelle il aura une fille en 1968. Il découvre le karaté, dont il utilisera les mouvements sur scène lors de ses concerts. Mais à cette période, Elvis aurait commencé à prendre des amphétamines pour rester éveillé pendant les nuits de garde, c'est le début d'une dépendance aux médicaments qui contribuera à ses problèmes de santé. Il vit aussi des moments agréables, quand il visite Paris, à l'occasion de trois permissions. En juin 1959, il se rend deux fois à Paris, et une fois en 1960. Il découvre la tour Eiffel, les Champs-

Élysées et il va à des spectacles, au Lido, au Moulin Rouge. Il chante même une nuit dans les coulisses du Casino de Paris, le 8 janvier 1960. Line Renaud se souvient parfaitement de la date, car c'est le jour de son anniversaire, Elvis a vingt-cinq ans. Lors d'un week-end de permission, il avait décidé d'aller voir un concert de ses amis du Golden Gate Quartet qui joue en première partie de Line Renaud. À la fin du spectacle, il les rejoint en coulisses, à l'invitation de Loulou Gasté. Le bœuf mythique qui se découle dans la loge dure jusqu'à l'aube. Line Renaud regrette de ne pas avoir d'enregistrement de ce moment mémorable. Elvis gardera de très bons souvenirs de ses visites à Paris, il n'y reviendra plus, alors qu'il aurait probablement voulu donner des concerts en Europe. Il confiera à ses amis que ces moments à Paris font partie de ses meilleurs souvenirs. Même s'il est absent des États-Unis, on ne l'oublie pas, car il a enregistré, avant de partir, des chansons qui sont diffusées pendant les deux ans de son service militaire. Le 2 mars 1960, devant ses fans et les caméras, il fait ses adieux à l'Allemagne. Ses deux années de service militaire ont bouleversé sa vie. Il a perdu sa mère, rencontré son futur amour, Priscilla. Il fera aussi la rencontre de deux hommes qui resteront toujours des amis fidèles, Joe Esposito et Charlie Hodge. Il a pris des médicaments qui auront une incidence sur sa santé et a désormais pour ambition de faire carrière au cinéma. Il rêve d'incarner des rôles comme ceux de James Dean ou Marlon Brando qu'il admire. Mais il ne souhaite pas leur ressembler, il veut trouver son propre style, comme dans la musique. Il consacrera les années soixante à tourner des films, il en tournera vingt-sept en neuf ans.

Quant à toi, tes souvenirs de l'Algérie ont toujours été très présents dans ta mémoire. Durant ces deux années, tu es rentré une seule fois en France en septembre 1959 lors d'une permission d'un mois. Un mois en complet décalage avec ta famille et tes amis, comme si tu revenais d'une autre planète. Car tout était tellement différent là-bas, tu ne peux pas leur expliquer l'ambiance, le climat, la vie si particulière des soldats pendant cette guerre. Tu te souviens des dortoirs dans des bâtiments préfabriqués, les lits superposés, les punaises rouges de lit qui vous piquent, la mauvaise nourriture constituée surtout de conserves. Mais au-delà des conditions matérielles, il y a l'angoisse de se trouver au mauvais moment au mauvais endroit et de perdre la vie ou d'être blessé dans un attentat. « La guerre apprend à tout perdre, et à devenir ce qu'on n'était pas », nous dit Camus. La guerre vous fait perdre votre temps, votre jeunesse, votre innocence. Elle vous rend tristes et désemparés, ayant perdu un peu de votre confiance dans la vie. Les soldats découvrent que la vie n'est pas paisible et merveilleuse, elle peut aussi être âpre et dangereuse. Quand elle ne leur enlève pas la vie ou leur cause des blessures, la guerre leur enlève leurs illusions et leur insouciance à tous ces jeunes que l'on envoie au combat. Elle leur laisse un traumatisme, une souffrance, des symptômes d'insomnie et d'anxiété. « La République manque parfois d'égard envers ceux qu'elle envoie au casse-pipe », remarque un sergent. « À la loterie des générations, on n'a pas gagné le gros lot », dit un autre. Certains ne manient pas d'armes, mais ils sont exposés à la mort, à l'ennui aussi et surtout à la peur. Cette peur qui dessèche affreusement la bouche, cette sensation désagréable de n'avoir plus de salive peut durer plusieurs heures ou plusieurs jours. Certains ne peuvent plus boire ni manger tellement leur angoisse est intense. Pour d'autres, elle leur détraque les entrailles ou leur donne des insomnies. Pourtant, souvent, ils ne veulent pas montrer cette peur ni même en parler. Ils veulent se montrer forts, même s'ils pleurent parfois silencieusement pendant la nuit, en étouffant leurs larmes, comme le font les enfants qu'ils étaient encore. La nuit, leur sommeil est inquiet, à l'écoute de tous les bruits suspects. Parfois, le simple braiement d'un âne devient inquiétant. Cette angoisse crée, chez beaucoup de jeunes, une addiction à la cigarette. « Le soir, on grillait des cigarettes afin d'avoir moins peur » comme le chante Serge Lama dans sa chanson « l'Algérie » : « C'était la première fois que je prenais le bateau. L'Algérie, écrasée par l'azur, c'était une aventure dont on ne voulait pas. » L'armée fournit à ces jeunes le tabac qu'ils n'ont pas besoin d'acheter, ils disposent de plusieurs paquets de cigarettes par mois, deux paquets par semaine, je crois. Beaucoup de jeunes ont développé une addiction. Ton ami Henri, comme toi fumera trop et, bien des années plus tard, mourra d'un cancer du poumon. Et toi, comment se manifeste ta peur ? T'arrive-t-il de pleurer en regrettant tes parents, ta maison ? Je ne sais pas. Quand je t'ai questionné, malgré les non-dits, je devinais le poids de tes souvenirs. Tu en voulais à ceux qui t'avaient envoyé là-bas. Malgré le caractère tragique de cette guerre, tu y trouves pourtant des aspects positifs sur ta vie. Tu réalises que tu peux faire autre chose que d'être paysan. Tu commences à envisager ta vie future différemment et peut-être de ne pas rester avec tes parents à la ferme. Tu es leur fils unique et tu as parfois l'impression qu'ils te considèrent comme « leur » chose et que tu ne pourras jamais leur échapper. Ce travail de « radio » te plaît malgré le contexte terrible. Cette période fait naître en toi le désir de quitter la ferme pour trouver une autre orientation professionnelle. Et puis surtout, tu as rencontré un ami, presqu'un frère, celui qui t'a tant manqué durant ton enfance. Une amitié qui durera toujours, jusqu'à ce qu'Henri parte le premier. Comme toi, il est issu du monde agricole et il habite le département voisin du tien. Vous ne vous êtes jamais perdus de vue, prenant des nouvelles l'un de l'autre tout au long de votre vie. Souvent, les amitiés nées pendant cette guerre seront sans lendemain. Les jeunes appelés ne se reverront plus en métropole. Ce n'est pas votre cas. Pendant longtemps, Henri, avec sa famille, sa femme et ses trois enfants, venait à la maison passer la journée où nous allions chez eux. Ou alors nous pique-niquions à mi-chemin des deux maisons dans un champ. Je garde de très bons souvenirs de ces moments passés avec eux. Mais je ne me souviens pas vous avoir entendu parler de cette guerre. Une amitié solide est née entre vous deux. Vous partagiez des secrets invisibles, indicibles, mais aussi des souvenirs agréables, les sorties, les baignades. C'est en Algérie que tu as appris à nager avec tes camarades. Tu as rapporté de là-bas un bel album, avec une couverture en cuir rouge, sur lequel sont méticuleusement collées des dizaines de photos. Tu l'as toujours conservé, il t'a suivi lors des déménagements. Les photos sont ensoleillées, la violence latente et la peur qui rôdent y sont invisibles.

Sur certaines, on te voit avec l'air sérieux travailler avec le casque sur les oreilles. On y retrouve aussi souvent ton meilleur ami, Henri, toujours souriant et avec un regard un peu ironique. Plus optimiste que toi, il doit souvent te remonter le moral. Sur une des photos, tu es assis dehors avec, sur les genoux, un animal sur chaque genou, un chat et un fennec, un petit renard des sables aux grandes oreilles et à la longue queue. Le fennec est un bel animal sauvage qui, sur tes genoux a pourtant l'air d'être apprivoisé et aussi affectueux qu'un chat. Ce fennec est peut-être votre mascotte. Tu as toujours aimé être entouré d'animaux. Je crois que ton rêve secret était d'être vétérinaire. Sur d'autres photos, tu es souriant en maillot de bain avec tes camarades au bord de la mer, dans l'eau ou sur la plage. Tu es agréablement surpris par la douceur du climat. À Constantine, il ne gèle quasiment jamais. Quelle différence avec le climat de chez toi et les deux hivers très rudes de 1954 et 1956 ! Et puis, vous pouvez vous baigner pendant six mois de l'année, du mois de mai au mois d'octobre. Le soleil algérien donne un joli hâle à ta peau. Un bronzage que tu conserveras pendant plus d'un an après ton retour. L'Algérie te collera à la peau, au sens propre et au sens figuré ! Heureusement, des plaisirs simples vous permettent de tenir, de supporter cette vie. Car vous êtes des gens ordinaires confrontés à l'intolérable. La guerre vous montre que la vie humaine n'a plus de valeur. Philippe Labro parle d'« une mort présente, sinistre et glacée ». Des liens profonds se créent forcément entre vous. En l'absence de votre famille, vous recherchez un peu de réconfort dans la camaraderie. Tu passes pour la deuxième fois les fêtes de fin d'année en Algérie. Les repas sont un peu améliorés pendant ces périodes pour vous redonner un peu le moral et vous consoler d'être loin de votre famille. Normalement, cette année 1960 qui commence sera celle où, dans quelques mois, ton service militaire prendra fin.

En ce début d'année, tu apprends probablement le décès d'Albert Camus. Vers 14 heures, le 4 janvier 1960, une Facel Vega, un élégant coupé sport, percute violemment un platane le long de la nationale 5, un peu au sud de Fontainebleau. Albert Camus, 46 ans, meurt sur le coup selon le médecin qui l'examinera. La veille, au matin, il avait quitté Lourmarin, un village ocre du Vaucluse, qui lui rappelle son Algérie natale, et où il s'était installé deux ans plus tôt. Il revit dans ce pays de soleil et de vignes. Avec le prix Nobel de littérature et le chèque reçu en 1957, il avait acheté une maison. Il venait de fêter Noël avec son épouse Francine et leurs deux enfants, les jumeaux Catherine et Jean. Il devait rentrer à Paris en train, il avait même acheté son billet. Mais entretemps sont arrivés à Lourmarin Michel et Janine Gallimard, accompagnés de leur fille Anne et de leur chien Floc. Le neveu de Gaston Gallimard et son épouse sont des intimes de Camus. Il est assis sur le siège passager, sans ceinture de sécurité qui n'est pas obligatoire à l'époque et les deux femmes sont à l'arrière. La voiture aborde une longue ligne droite bordée de platanes. Pourquoi la voiture sort elle de la route ? La vitesse excessive ou un moment d'inattention en sont peut-être la cause. La Facel Vega frappe de plein fouet un premier arbre puis rebondit plus loin sur un deuxième platane. Elle est coupée en deux et les débris sont éparpillés sur des dizaines de mètres. Michel Gallimard est grièvement blessé. Il est transporté dans un hôpital, mais mourra six jours plus tard. Les deux femmes sont miraculeusement indemnes. Des décombres, on extrait la serviette d'Albert Camus. À l'intérieur se trouvent les 144 feuillets, écrits avec une écriture en « pattes de mouches » parfois illisibles, du « Premier Homme », ce chef-d'œuvre sur sa mère, son enfance pauvre, mais heureuse en Algérie. Il ne paraîtra qu'en 1994, publié par sa fille trente-quatre ans plus tard. Dans ce roman inachevé, Camus revient sur son passé pour comprendre d'où il vient et qui il est. Il évoque son père qu'il n'a pas connu. Lucien, mobilisé pendant la guerre de 1914, est mortellement blessé à la première bataille de la Marne. Quand ce drame survient, il a moins d'un an et son frère trois ans. Il vit alors avec sa mère, sa grand-mère, son frère et son oncle. À l'école, son instituteur, Louis Germain remarque ses aptitudes, l'encourage et fait preuve de beaucoup d'affection à son égard. Il réussit à convaincre sa mère et surtout sa grand-mère de lui faire poursuivre ses études au lycée en lui faisant bénéficier d'une bourse. Dans un premier temps, elles avaient refusé à cause de leur trop grande pauvreté. Il sera toujours reconnaissant vis-à-vis de son instituteur. Il lui enverra une lettre de remerciement quand il apprendra que le prix Nobel de littérature lui est décerné. « Quand j'ai appris la nouvelle, ma première pensée, après ma mère, a été pour vous. Sans vous, sans cette main affectueuse que vous avez tendue au petit enfant pauvre que j'étais, sans votre enseignement et votre exemple, rien de tout cela ne serait arrivé. » Sa disparition brutale suscite une grande émotion en France et à l'étranger. Les journaux lui consacrent plusieurs articles pour rendre hommage à cet écrivain et philosophe, à cet artiste et homme engagé qu'il était et dont l'œuvre résonne encore aujourd'hui.

Pour toi, les derniers mois en Algérie sont les plus difficiles. En plus, Henri part avant toi. Tu essaies de tenir malgré tout en te disant que ton poste de radiotélégraphiste te plaît. Ne pas se servir d'une arme, c'est déjà une chance. Même si en tant que « radio » tu ne peux pas ignorer toutes les horreurs de cette guerre. Une autre chance t'est accordée : tu vas rester dans un bureau. Tu t'entends bien avec ton supérieur hiérarchique alors il a décidé de te garder et de ne pas t'envoyer sur le terrain comme les autres « radios » qui doivent suivre les soldats. Lors des embuscades, le « radio » est souvent l'une des premières cibles, car c'est lui qui donne l'alerte. Tu es ainsi moins exposé au danger. Tu décides donc de préparer un concours pour travailler dans l'armée ou en Préfecture. Si tu le réussis, pour le premier poste, tu seras affecté en Algérie, mais, plus tard, tu pourras rentrer en métropole, notamment si l'Algérie obtient son indépendance. Le temps passe plus vite avec un but à atteindre. En plus, tu as un oncle, le mari de ta tante, la sœur de ton père à Saint-Donat, entre Sétif et Constantine. Il est instituteur et tu t'entends très bien avec lui. Tes permissions, tes jours de congés, tu les passes souvent avec lui. Il t'aide aussi à préparer le concours. Il te parle de son métier qu'il aime beaucoup. Il est venu en Algérie par vocation. Ses élèves l'apprécient. Le désir d'indépendance des Algériens n'empêche pas les enfants d'aimer la langue française, Victor Hugo et leurs enseignants. Un jour alors que tu marchais dans la rue, tu as entendu les enfants chuchoter sur ton passage : « C'est le cousin de l'instituteur ». Tout se sait dans les petites villes et les informations circulent rapidement. Finalement, tu réussiras le concours et tu ne seras ni tué ni blessé. Tous les appelés n'auront pas cette chance.

Les hommes exposés aux irradiations émises par les essais nucléaires dans le Sahara algérien garderont de graves séquelles de leur service militaire. On ne leur disait pas où ils seraient affectés. Ils étaient plutôt soulagés de ne pas affronter un ennemi humain. Sans savoir que l'ennemi invisible et mortel, la radioactivité, était bien plus terrible. Lucien Parfait, une des victimes dont le visage a été ravagé raconte : « moi, j'ai eu des cancers au niveau de la tête, mais on me dit que ça n'aurait rien à voir ». Certains ont eu des nodules cancéreux de la thyroïde, ont perdu leurs cheveux, leurs dents et d'autres problèmes de santé, des cancers.

« Gerboise bleue » est le nom de code de l'essai nucléaire destiné à tester la première arme nucléaire française. Elle a lieu le 13 février 1960 à 7 h 40 (heure locale) dans la région de Reggane alors département français du Sahara. Cette opération s'inscrit dans le cadre de la politique de dissuasion nucléaire voulue par le Général de Gaulle. Les habitations les plus proches se trouvent à seulement 70 kilomètres alors que la bombe entraîne des retombées radioactives à plus de 200 kilomètres. Avec cet essai, la France est devenue la quatrième puissance nucléaire après les États-Unis, l'ancienne URSS et le Royaume-Uni. « Hourra pour la France », s'écrira alors le Général de Gaulle depuis Paris. « Depuis ce matin, elle est plus forte et plus fière », dira-t-il. Il pense alors que l'État qui accède à la puissance nucléaire possède la sécurité absolue face à un adversaire potentiel. Mais derrière la réussite française de cet essai se cachent bien des malheurs. De février 1960 à avril 1961, la France a testé quatre bombes : après celle de 13 février, d'autres essais auront lieu le 1er avril et le 27 décembre 1960, puis le 25 avril 1961. Le projet de création de la première arme nucléaire débute en 1955. La construction du Centre Saharien d'Expérimentations Militaires (CSEM) de Reggane commence fin 1957. En pleine guerre d'Algérie, un vaste complexe voit ainsi le jour à sept kilomètres de la ville de Reggane. Chaque essai donne lieu à de nombreuses mesures destinées à connaître les conséquences des explosions nucléaires. Une grande quantité de déchets radioactifs se trouve toujours enfouie dans le sable du Sahara, distillant encore son poison dans la terre algérienne. Les essais nucléaires sont au cœur des questions mémorielles entre la France et l'Algérie, ce pays réclamant réparation pour les dommages causés. Et quand les vents parfois nous rapportent ce sable rouge en France, il a conservé une partie de sa radioactivité. Les hommes politiques à cette époque n'ont pas vu les conséquences écologiques et sanitaires désastreuses de l'arme nucléaire. Ces essais ont été effectués au détriment des populations, polluant les sols, éradiquant la vie. Les Algériens ne comprenaient pas vraiment ce qui se passait quand les essais nucléaires ont eu lieu. Ils auront des problèmes aux yeux, certains sont devenus aveugles. D'autres auront des cancers. Abderrahman Sadaoui est né en 1916 à Reggane, il a travaillé sur le site et a perdu la vue quelques jours plus tard. Il est triste en évoquant ses souvenirs : « J'ai vu des soldats français pleurer à l'intérieur de la caserne et insister pour qu'on les ramène en France. J'étais hanté par une peur diffuse que tout cela allait avoir des conséquences pendant plusieurs années et c'est ce qui s'est passé. J'ai perdu la vue, comme beaucoup d'autres habitants de la région et il y a eu à Reggane des maladies que l'on n'avait jamais vues. En plus, la production agricole a chuté alors que c'était notre seule activité économique. » Reggane se situe dans le sud-ouest de l'Algérie à environ 1 800 kilomètres de la capitale. Les autorités coloniales affirmaient que c'était une région inhabitée alors que ce n'était pas le cas. « À Reggane, la vie s'est arrêtée le 13 février 1960 », c'est le titre d'un article du journal « Courrier International » en 2009. Les civils et militaires ont assisté à ces essais sans être suffisamment protégés. Les appelés portent une tenue blanche en coton, un masque, des bottes et des gants et pour seul outil de décontamination ils prendront une simple douche. Certains appelés, victimes de cancers, seront indemnisés. Ils sont en colère et pensent avoir été les « cobayes du nucléaire ». Même après l'indépendance de l'Algérie, d'autres expérimentations et essais auront lieu. Dans le Hoggar, à quelques centaines de kilomètres au sud de Reggane, treize essais souterrains seront effectués. On dénombre 17 essais en tout entre 1960 et 1966. Ensuite, les essais se dérouleront en Polynésie française. C'est seulement le 29 janvier 1996 que Jacques Chirac annoncera l'arrêt définitif des essais.

Les appelés de la guerre d'Algérie sont souvent revenus abîmés par leur expérience de la mort, de la torture, de la violence. Mais leur traumatisme sourd a irradié toute la société française. C'est seulement par une loi de 1974 que le plein statut d'ancien combattant sera finalement accordé à ces appelés.

Jean-Pierre Farkas est envoyé en Algérie en 1958 où il effectue son service militaire en Kabylie. Il est infirmier militaire. Il n'oublie pas qu'il est journaliste et observe et décrit tout ce qu'il voit, sans oublier d'être critique. Il livre son témoignage : « Oui, ça a été le grand silence. Cette guerre a laissé des traces à l'âme, au cœur, à la mémoire… Il n'est pas possible qu'ils soient rentrés chez eux avec un comportement innocent. Moi, c'est vrai, je n'ai rien dit. Mais on ne m'a rien demandé. Pour notre guerre, celle dont on taisait le nom, les Français sentaient inconsciemment qu'elle n'était pas légitime, pas juste, qu'elle n'aurait pas dû être ». Guy Peyrachon témoigne aussi : « Le service militaire en Algérie n'a pas été une promenade de santé. Certains en porteront jusqu'à la fin de leurs jours la cicatrice ».

Même si la plupart des appelés garderont le silence sur cette période de leur vie, certains apporteront leur témoignage. Jacques Higelin a fait son service militaire de 1960 à 1962, d'abord en Allemagne, puis en Algérie quelques mois. Là, il écrit des lettres à une femme qu'il a rencontrée sur le tournage d'un film. En 1985, à la fin d'un concert, elle lui remet ces lettres conservées précieusement. Elles seront publiées deux années plus tard. Il raconte « sa » guerre et sa révolte : « je ne suis rien, un matricule… Merde quoi ! J'ai vingt ans ! » Il se sent écrasé : « Ici, on décide pour vous et vous n'avez le droit que de vous tenir à carreau et de fermer votre gueule… Je ronge mon frein. Dans les casernes, on ne vit pas… Il faudra se réadapter au monde civil, oublier… Le moral est généralement assez bas pour tous. »

De plus en plus de Français refusent de participer à cette guerre. Ils seront poursuivis, emprisonnés, condamnés, décrits comme des « traîtres » vis-à-vis de la patrie. Pourtant, peu à peu, en 1960, les gens commencent à dire ce qu'ils pensent à propos de ce conflit, le jugeant amoral.

Le 6 septembre 1960, le « Manifeste des 121 » est publié. Cette « Déclaration sur le droit à l'insoumission dans la guerre d'Algérie », signée par des intellectuels et des artistes, cherche à informer l'opinion française du mouvement de contestation contre ce conflit et justifie le refus de prendre les armes contre le peuple algérien. Parmi les signataires, on retrouve Simone de Beauvoir, Marguerite Duras, Alain Resnais, Françoise Sagan, Jean-Paul Sartre, Claude Sautet, Simone Signoret, François Truffaut… Mais, les voix dissonantes ont du mal à se faire entendre. La presse, les publications, les émissions radiophoniques, le cinéma et le théâtre sont contrôlés. La publication est interdite, ainsi que les films ou pièces de théâtre des signataires. Ils sont qualifiés de traîtres et d'imposteurs par certains journaux. Ceux qui ont participé à la rédaction du manifeste seront inculpés. Même si cela fait « tache d'huile » dans le monde entier, il faut encore attendre de longs mois avant que cette guerre ne se termine.

Toi, tu rentres en France en octobre 1960. Pendant le long voyage de retour, tu penses à ton avenir. Ayant réussi le concours pour travailler dans un service de l'armée ou d'une préfecture, une fois ton service militaire terminé, tu as attendu ton affectation pendant quelques semaines chez ton oncle. Comme elle tarde à arriver, tu te résignes à rentrer en France. Tu as hésité, mais tu ne pouvais pas profiter de l'hospitalité de ton oncle plus longtemps. Et puis tu as envie de revoir tes parents. Tu envisages de retourner peut-être en Algérie plus tard quand tu auras reçu ton affectation et si elle te convient. La réussite à ce concours représente une chance de faire un travail plus intéressant que celui de la terre, moins difficile en tout cas. Tu prends le train, puis le bateau, puis encore le train. Bizarrement, le voyage te paraît plus court que celui en direction de l'Algérie, pourtant c'est la même durée. Tu as le cœur plus léger, c'est fini, le cauchemar de ces deux années douloureuses est enfin terminé. Tu te souviens de ton appréhension et de ta peur deux ans plus tôt. Tu as survécu, rencontré un véritable ami, finalement tu as eu de la chance. Tu garderas en mémoire le soleil brûlant, le jour où tu t'es brûlé les pieds en marchant pieds nus sur l'asphalte. Tu n'oublieras pas la chaleur de la mer méditerranée, toi qui ne connaissais que l'océan atlantique, tumultueux et froid. Les horreurs commises, des deux côtés, resteront aussi gravées dans ta mémoire, même si tu n'as pas tenu d'arme. Sur le bateau, tu admires encore une fois la Méditerranée, l'horizon immense du ciel et de la mer, comme la vie qui s'offre à toi maintenant, tu as tout l'avenir devant toi, délivré de la contrainte de ce long et pénible service militaire. Quand tu arrives chez toi, tes parents sont heureux de te retrouver. Tu reçois quelque temps plus tard ton affectation. Tu hésites, tu n'as pas vraiment envie de repartir, tu connais les risques qu'il y a à vivre dans un pays en guerre et surtout tes parents veulent que tu restes près d'eux. Alors tu vas rester. En plus, tu n'as pas l'argent nécessaire pour repartir. Les économies, tes parents les ont utilisées pour acheter des terres, une occasion s'est présentée, ils ne pouvaient pas refuser, ils pensaient te faire plaisir.

Le vent se lève… ! Il faut tenter de vivre !

Paul Valéry, *Cimetière marin*

Si tu n'as pas de blessure physique, cette guerre a laissé des marques invisibles dans ton corps et ton esprit. Tu mets du temps, comme tous les autres, à te réhabituer à la vie civile, la vie « normale ». Pour faire cesser le brouhaha de tes pensées, tu as besoin de t'immerger dans la nature. Tu arpentes les chemins, tu vas crier au milieu des bois. Tu te promènes dans des champs. Tu voudrais que la nature « lave » ton esprit et ton cerveau de toutes les souillures de la guerre, qu'elle dissolve ton chagrin, que les arbres et le ciel absorbent ta tristesse. Pour réapprivoiser la vie, tu as besoin d'être en symbiose avec la nature. Tu y puises une énergie, une force et une certaine consolation, elle te régénère et te réconforte. Tu es content de revoir tes parents, mais tu te sens en décalage avec le monde. En France, on écoute à la radio les chansons « yéyé » qui sont bien loin de ton état d'esprit et de ce que tu as vécu. Tu te demandes aussi si tu as fait le bon choix en restant à la ferme au lieu de retourner en Algérie pour travailler à la préfecture de Constantine. Tu en garderas des regrets. Tu reprends ta vie là où tu l'as laissée deux ans auparavant, mais tu as changé, tu n'es plus le même. Tu te réfugies dans le travail, parfois pendant des heures sans t'arrêter. À d'autres moments, tu es perdu dans tes pensées et tu sembles être ailleurs. Tes parents ne te reconnaissent plus et ne te comprennent plus : l'expression de ton regard est devenue plus sombre, une certaine dureté, que tu n'avais pas avant de partir, est apparue dans ton visage. En plus, tu as laissé pousser une petite moustache au-dessus de ta lèvre supérieure qui te vieillit un peu. Cela se voit, tu as laissé ta jeunesse en Algérie. Tes parents se rendent bien compte que tu ne vas pas bien. Mais tu ne dis rien. Comme l'écrit Jacques Salomé dans « Contes d'errances, contes d'espérance » : « Les mots du silence sont des mots très rares qu'on ne trouve dans aucun livre, qui restent longtemps coincés dans la poitrine, qui se glissent parfois jusque dans la gorge, mais n'arrivent pas jusqu'à la bouche. Les mots du silence ne sont pas faits pour être entendus avec les oreilles. » Comment raconter la barbarie de cette guerre qui n'en était même pas une pour ceux qui n'y étaient pas ? Il faut pourtant vivre avec ces blessures secrètes, comme des marques indélébiles que la guerre laisse dans le cœur et l'âme. Tes parents, malgré les non-dits, ressentent ta détresse. Pour te consoler, ils décident de t'acheter une voiture, une Peugeot 403 noire d'occasion, la voiture des classes populaires à cette époque, la DS étant la voiture des classes plus aisées. Le dimanche après-midi, tu peux alors aller au bal, découvrir de nouveaux endroits, plus éloignés, de nouvelles personnes. Avant d'avoir cette voiture, tu circulais à bicyclette, tu ne pouvais pas aller très loin. Maintenant, tu veux vivre, oublier, profiter de la vie, rattraper le temps perdu. Vivre, à cette époque, pour les paysans, c'est travailler beaucoup et s'amuser un peu. Mais tout le travail de la semaine s'effectue en pensant au dimanche, le seul jour de repos. Le dimanche après-midi, ce sont les rencontres, le bal, les filles, la détente. C'est à la fin de l'année 1960 que tu rencontres ta future femme lors d'un bal. « Tu es venu te "perdre" loin de chez toi », dira ma mère plus tard. En fait, elle habite seulement à une trentaine de kilomètres de ta maison. « J'ai perdu deux ans de ma vie en Algérie », lui confieras-tu en lui racontant cette période difficile. Elle a 18 ans et tu en as 22. Tu la trouves belle, avec ses cheveux bruns, sa peau blanche de porcelaine, son innocence dans le regard. Vous dansez sur des airs d'accordéon, de vrais orchestres animent les bals. Au début, plutôt timide, tu n'as pas envie de danser. Mais, pour elle qui aime tellement cela, tu te forces un peu et finis par y prendre goût. Jean Ferrat chante l'amour avec sa chanson « Ma môme ». Comme lui, tu as trouvé ta « môme ». Elle est issue du même milieu que toi. Ses parents sont paysans et elle travaille avec eux. Elle a deux sœurs, une plus âgée qui est déjà mariée et qui a un enfant, et une plus jeune.

Le mari de sa sœur aînée est aussi allé en Algérie, alors qu'il était déjà marié et avait une fille. Là-bas, comme beaucoup, il est tombé malade, il a eu la jaunisse. Rapatrié en France, il a pourtant dû y retourner, une fois guéri, pour terminer son service. Sa femme est restée seule avec sa fille, pendant deux ans, chez ses parents. Petit à petit, au fil des dimanches après-midi, tu tombes amoureux. Vous parlez de mariage, de fonder une famille. Tu lui dis que tu veux plusieurs enfants, tu as tellement souffert d'être fils unique. Elle te plaît et tous les dimanches tu la revois. Puis tu seras invité chez ses parents pour dîner. Tu les trouves gentils, surtout ta belle-mère. Plus jeune, elle a été atteinte par une poliomyélite, elle boîte et se déplace avec une canne. Elle est très bonne cuisinière, et, régulièrement, tu dégustes ses bons plats et ses desserts, notamment sa mousse au chocolat. Chez eux, la vie est moins austère, ils s'accordent plus de plaisirs, c'est plus animé que chez toi. Tu découvres une nouvelle famille et une autre façon de vivre, un peu plus agréable.

En cet été 1961 qui commence, tu oublies la guerre et l'Algérie. L'amour que tu sens naître en toi te fait voir le monde différemment, avec plus de légèreté, te donne l'impression de vraiment exister après une période où tu te contentais de survivre. As-tu appris le suicide d'Ernest Hemingway le 2 juillet 1961 ? Ce dimanche, il se lève tôt, à six heures, comme s'il allait à la pêche ou à la chasse. En pyjama, il descend au sous-sol pour choisir un fusil de chasse. Les armes sont rangées dans un débarras. Il remonte, s'installe dans son bureau, charge deux cartouches, cale la crosse sur le sol, appuie son front contre le double canon et actionne la détente, se faisant exploser la boîte crânienne, exactement comme son père cinquante ans plus tôt. L'écrivain n'a pas laissé la maladie l'emporter. Il a de multiples problèmes de santé et de nombreuses blessures physiques qui ont commencé très tôt. À seulement 18 ans, ambulancier sur le front italien, un obus tombe sur lui et deux autres hommes alors qu'ils sont dans une tranchée. Ses jambes sont criblées d'éclats. Il parvient à hisser le seul survivant sur son dos et à le porter sous le feu ennemi. Il sera décoré pour cet acte de bravoure, mais il lui faudra trois mois pour réapprendre à marcher. En plus, les complications de son diabète, les suites de l'accident d'avion où il avait failli périr au Kenya, une maladie génétique, un nouveau pic de sa psychose le laissent sans force. Le soleil se lève à peine quand sa femme, Mary Welsh, entend le coup de fusil de son lit. Elle court jusqu'au bureau de son mari. Il est là, son fusil préféré à ses pieds. Elle dira que son mari a été victime d'un accident en nettoyant son fusil. Cet argument ne tient pas, car il maniait les armes depuis sa tendre enfance, une passion venue de son père. Depuis quatre générations, sept membres de sa famille ont mis fin à leurs jours, comme s'il existait une malédiction. Sommes-nous maudits par nos gènes ou par notre éducation ou bien peut-on se libérer de sa propre histoire ? Pour sa petite fille Mariel, le nom d'Hemingway n'est pas une malédiction, mais une bénédiction. Plutôt que de penser à la fin tragique de son grand-père, elle préfère garder le souvenir d'un homme qui aimait l'aventure et était un grand écrivain.

Pour toi, l'été 1961 est une période de joie. Le mariage va arriver plus tôt que prévu, car un « heureux événement » s'annonce. Et, à l'automne 1961, un an après être revenu d'Algérie, tu prépares ton mariage et tu vas bientôt être papa. La date du mariage est fixée, ce sera le 4 novembre. Sur la photo de mariage en noir et blanc, prise au studio du photographe, dehors il fait trop froid, ta femme est assise. Tu te tiens debout près d'elle. Tu as 23 ans et déjà un regard sérieux. Malgré ce moment de bonheur que doit représenter un mariage, tu as un peu perdu l'étincelle que tu avais dans les yeux sur la photo de ton permis de conduire, un voile noir s'est posé sur ton regard. La moustache sur ta lèvre supérieure te donne un air plus mature. Ta femme sourit doucement, elle a 19 ans. Elle porte une belle robe blanche en dentelle, qui va jusqu'aux pieds, avec une couronne sur la tête et un voile qui descend sur ses épaules jusqu'à sa taille. Elle porte des gants blancs et a un bouquet de roses blanches à la main. Les dernières semaines, il avait fallu retoucher la robe, l'agrandir, car son ventre s'arrondissait. La couturière qui lui avait cousu la robe habitait tout près de chez elle, c'est elle qui lui faisait ses vêtements depuis qu'elle était petite. Toi, tu portes un costume noir, avec une chemise blanche et une cravate claire, peut-être beige. Tu as des gants noirs dans la main. Ce jour-là, il fait très froid, il va neiger et plusieurs invités vont s'enrhumer. Ta femme, malgré le froid et sa robe légère en dentelle, ne sera pas malade. La cérémonie, à l'église et à la mairie, se déroule dans le village de la mariée, comme le veut la tradition. Le repas est copieux pour les nombreux invités, surtout la famille. Le dîner va durer une bonne partie de la nuit. Après le potage, les hors-d'œuvre variés, la galantine de volaille, le filet de veau aux champignons, le poulet de grain à la broche et la salade, les desserts sont servis : le moka au café, le broyé poitevin, les tartelettes aux fruits. Tout cela accompagné de vins, blanc et rouge. Puis le repas se termine par le café et le rhum. C'est ta belle-mère qui a préparé les broyés (des gâteaux secs à base de beurre et de farine) pour soixante personnes. La sœur aînée de ta femme a écrit, d'une belle écriture, les menus pour chaque personne présente.

Quand la fête se termine, la vie ordinaire reprend son cours. Ta femme vient habiter chez toi, ou plutôt chez tes parents qui sont propriétaires depuis peu de temps. La maison ne comporte que deux pièces. Tes parents vont dormir dans la pièce principale pour vous laisser la chambre. Un poêle y est installé, car l'hiver s'annonce froid, la pièce comporte aussi un lit et une armoire. Devant la maison, il y a un petit trottoir et une cour boueuse qui n'est pas très agréable. Quelques vaches qu'il faut traire matin et soir, une basse-cour avec des poules, des canards, des lapins permettent de nourrir la famille. La promiscuité avec ses beaux-parents est difficile à supporter pour ta femme. Elle ne se sent pas chez elle. Elle soupçonne sa belle-mère de fouiller dans son armoire. Alors, quand elle part, elle la ferme à clé et met la clé dans son sac. Surtout, elle est triste de ne plus vivre avec ses parents, elle se sent encore tellement jeune. Tout était arrivé si rapidement. La rencontre avec son futur mari, le bal, la danse et puis cette grossesse. Chez ses parents, il lui semble que la vie était plus douce. Ils avaient l'eau courante depuis 1956 alors que chez ses beaux-parents, il faut aller chercher l'eau au puits. Et puis, cette séparation lui rappelle un souvenir d'enfance, un traumatisme, encore intact. Elle avait déjà eu peur de quitter ses parents quand elle avait neuf ou dix ans. Un couple qui ne pouvait pas avoir d'enfant avait proposé de l'adopter. Ils habitaient le même village, elle pourrait continuer à voir ses parents. Elle avait refusé, elle voulait vivre avec ses deux sœurs, sa mère qu'elle aimait tant et son père. Elle n'avait pas compris qu'on lui fasse une telle proposition, pour elle c'était inenvisageable. Finalement, le couple avait adopté une autre petite fille, lui avait offert des études, elle était devenue institutrice et avait hérité de leur maison. Ses parents n'étaient pas pauvres, pourquoi avoir voulu la faire adopter ? Elle gardera toujours en mémoire la peur que quelque chose ou quelqu'un l'arrache à sa famille. Alors qu'elle a 15 ou 16 ans, et qu'elle travaille à la ferme avec ses parents, son beau-frère, le mari de sa sœur aînée qui revient d'Algérie a suggéré de l'envoyer travailler ailleurs, car la ferme n'est pas assez importante pour nourrir tout le monde. C'est finalement lui, sa femme et leur fille qui vont partir après avoir trouvé un logement et un travail. Mais cette fois, à 19 ans, elle est contrainte de quitter ses parents. Elle est heureuse de se marier, mais a le sentiment que c'est trop tôt. Quoi, c'est déjà fini les dimanches après-midi au bal ? Elle a l'impression qu'elle n'en a pas assez profité. En ce début des années soixante, c'est la honte suprême pour les femmes d'avoir un enfant sans être mariées. On les appelle les « filles-mères », avec une connotation très négative, expression horrible qui a heureusement disparu. Certaines femmes auraient préféré se suicider plutôt que d'annoncer à leurs parents leur grossesse, sans avoir la perspective d'un mariage. Et la honte et le déshonneur rejaillissent sur leur enfant dont l'acte de naissance est entaché de la mention « Né ou née de père inconnu ». D'ailleurs, même sa mère lui a dit qu'elle n'avait pas d'autre choix que d'aller vivre avec son mari. Elle s'habitue mal à sa nouvelle vie. Dans la petite maison de ses beaux-parents, elle se sent comme prise au piège. Ce n'est pas la vie dont elle rêvait. Elle regrette la cuisine de sa mère. Elle déteste la soupe de potiron qui a un goût sucré : « de la soupe de sorcière », pense-t-elle. Elle n'aime pas non plus le far à l'oseille du jardin cuisiné avec les œufs de leurs poules. Le soir, souvent, elle se contente d'un œuf. Parfois, tu lui prépares une « grimolle », un gâteau cuit dans la poêle avec des pommes et de la pâte à crêpe, des œufs et du lait. Souvent, elle ne peut retenir ses larmes. Elle voudrait partir, avoir sa propre maison avec son mari. C'est impossible. Où iraient-ils, tous les deux, sans travail, avec un bébé qui va arriver ? Être une femme, au début des années soixante, signifie, la plupart du temps, être dépendante d'un homme. Dans son film « vivre sa vie », sorti en 1962, Jean-Luc Godard dresse le portrait de Nana. Elle arrive à Paris pour devenir actrice. Ne pouvant payer son loyer, elle se retrouve à la rue et en vient à se livrer à la prostitution. Nana, avec sa beauté et son regard innocent, travaille pour un proxénète et se fera tuer à cause de lui. Ce film sur l'innocence face à la barbarie est très émouvant. Il montre à quel point la condition des femmes n'est pas toujours simple. Leur vie, à cette époque, c'est d'être mariées et d'avoir des enfants, de s'occuper d'eux, au risque parfois de s'oublier elles-mêmes. Ta femme essaie pourtant de s'adapter à sa nouvelle vie. Elle n'arrête pas de faire le ménage. Sa belle-mère, étant la plupart du temps en train de s'occuper des animaux ou aux champs, néglige un peu la tenue de sa maison. Et, quand son beau-père rentre avec ses chaussures sales dans la maison sans faire attention, sans le montrer, elle sent vraiment la colère l'envahir. Son ventre qui s'arrondit lui donne des sensations ambivalentes. Sentir la vie dans son corps lui donne de la force, mais lui fait aussi ressentir le poids de sa responsabilité. À 19 ans, elle entre déjà dans le monde des adultes. Elle regrette le temps de l'insouciance où elle allait danser le dimanche après-midi au son de l'accordéon. En cette fin d'année, elle se sent triste. Avec les jours qui raccourcissent, la nuit qui arrive tôt, le froid qui s'installe, elle commence à se sentir perdue. Sa nouvelle vie lui paraît bien plus difficile que chez ses parents. Un jour, alors qu'elle écoute la radio, son beau-père arrive et éteint le poste. Elle accepte mal l'austérité que lui impose sa belle-famille. Avec ses parents, la vie était davantage ponctuée de petits plaisirs. Ainsi, une fois par an, avec ses sœurs et sa mère, elles partaient dans la grande ville voisine à une soixantaine de kilomètres. Son père les conduisait à la gare avec sa calèche et son cheval, ensuite elles prenaient le train. Elles rendaient visite à leurs cousines et visitaient la ville. Elle se réjouissait de cette petite escapade, même si elle ne durait qu'une journée. Maintenant, c'était terminé. Elle regrette aussi son cheval, prénommé Pierre par son père, et qu'elle montait sans selle. Toi, tu perçois bien la mésentente et la tension qui règnent dans la maison. Cela te met mal à l'aise. Seul avec elle, tu donnes raison à ta femme, mais devant tes parents, souvent tu ne dis rien. Tu es conscient que tes parents l'ont accueillie dans leur foyer comme leur fille et que pour cela, elle devait être reconnaissante. Tu lui dis d'être patiente, qu'un jour, tu trouveras un autre travail et que vous pourrez partir et avoir votre propre maison. Elle pleure souvent. Heureusement, le dimanche midi, vous allez déjeuner chez ses parents. Sa mère prépare un bon repas, et là, elle retrouve un peu de sa joie et de son insouciance.

À Nau (Noël), les jours allongent à pas de jau (coq), au Nouvel An à pas de jument.

Proverbe

Une année chasse l'autre et, à l'aube de l'année 1962, par l'intermédiaire de la télévision, comme cela est désormais la tradition depuis 1960, le Général de Gaulle présente ses vœux aux Français. La télévision n'est plus un simple enjeu culturel, elle devient un enjeu politique. Et si seulement 10 % des Français en sont équipés à la fin des années cinquante, et 23 % en 1962, 62 % le seront en 1968. Son discours est aussi diffusé à la radio : « Voici l'année nouvelle ! La France en a vécu beaucoup. Cependant, elle voit venir celle-ci sans manquer à l'espérance. Car elle sait où elle en est, ce qu'elle vaut et ce qu'elle veut en Algérie. » Après avoir rappelé la stabilité retrouvée des institutions, il évoque la résolution prochaine du conflit algérien et annonce que la modernisation du pays va se poursuivre. Il parle d'un « État souverain et indépendant » en évoquant l'Algérie, il espère la paix et l'acheminement vers « une solution de bon sens ». « Ces vœux vont en particulier aux petits enfants qui naîtront en 1962, et ajouteront à nos espérances », dit-il. Il achève son discours en exprimant ses souhaits « très confiants et très ardents de bonheur et de grandeur ». Le discours du Général est diffusé le 29 décembre et le climat qui règne en cette fin d'année est agité. À Oran, des sabotages et des émissions pirates empêchent la diffusion de son discours dans de bonnes conditions.

Le conflit algérien s'étend sur le territoire de la métropole et des attentats sont commis, qui visent essentiellement des journalistes et des hommes politiques. Le 24 janvier, l'OAS (Organisation de l'Armée Secrète) qui souhaite que l'Algérie reste française commet 22 attentats, dont un au domicile du directeur du journal « Le Monde ». Un engin a explosé, peu après 17 heures, devant la porte de son appartement au quatrième étage. Seule la domestique se trouvait présente. La déflagration a arraché la porte d'entrée de l'appartement et saccagé le vestibule.

Le 7 février, André Malraux échappe à un attentat. Alors qu'il est absent, sa résidence est « plastiquée » par l'OAS. Il occupe le premier et le deuxième étage et au rez-de-chaussée résident les propriétaires. Leur fille, âgée de quatre ans, est gravement atteinte par des éclats de vitres et perdra un œil. La photo de Delphine, ensanglantée, publiée dans le journal « Paris Match », va émouvoir les Français, qui désapprouvent le terrorisme de l'OAS. Ce même jour, rue Bonaparte à Paris, et pour la deuxième fois, l'appartement de Jean-Paul Sartre est « plastiqué ». La paix paraît plus que jamais nécessaire.

Quant à toi, en cette année 1962 qui commence, tu ressens le poids des nouvelles responsabilités qui pèse sur tes épaules. Tu es marié depuis plusieurs mois et tu vas bientôt être papa. Il faut se serrer dans cette petite maison dans laquelle vous vivez à quatre personnes et bientôt cinq.

Le dimanche 18 février, vous allez manger chez tes beaux-parents. Comme d'habitude, le repas est copieux et se termine par un dessert. Le soir, ta femme ne se sent pas bien et a mal au ventre. « C'est le moka ! » lui as-tu dit, ainsi que tes parents. Ta femme sent bien que ce n'est pas une simple indigestion. Non, ce n'est pas le moka, mais le bébé qui veut venir au monde plus tôt que prévu, à sept mois et demi de grossesse. C'est la sage-femme, dans la commune voisine, qui va accoucher ta femme. Cela ne se fait pas encore à cette époque, mais tu assistes à l'accouchement pour l'accompagner dans ce moment difficile et l'aider à supporter ses douleurs. À quatre heures du matin, un bébé qui pèse 1,8 kilo vient au monde. Alors que tous les parents rêvent d'un bébé rose et joufflu, vous accueillez une petite fille toute chétive. Ma tante m'a raconté que l'on pleurait le jour de ma naissance, car je n'étais pas très belle et surtout toute petite. La naissance d'un enfant représente habituellement un moment de joie.

La mienne est empreinte de tristesse. Est-ce pour cette raison que je fête rarement mon anniversaire et que, ce jour-là, je ressens toujours un malaise ? L'hôpital est trop loin, je n'ai donc pas passé les premiers jours de ma vie dans une couveuse. Je dors dans un petit lit avec des bouillottes pour me réchauffer et je suis nourrie au lait maternel. Comme je pleure beaucoup, même la nuit, et que je vous empêche de dormir, je suis souvent dans votre lit. Le bébé vous impose son rythme et vous ne dormez pas beaucoup. J'ai survécu malgré des débuts difficiles. Es-tu heureux d'avoir une fille ? Peut-être aurais-tu préféré un garçon avec lequel tu aurais pu partager tes passions ? Moi, conçue trop tôt et née trop tôt, j'aurais souvent l'impression de ne pas être à ma place, d'avoir toujours à me battre pour survivre, d'être projetée dans la vie avec le poids de la souffrance de mon milieu social et familial. On ne choisit pas. « Il reste toujours quelque chose de l'enfance », disait Marguerite Duras. À l'âge adulte résonnent les chagrins de l'enfance. Cette « mémoire profonde » est toujours présente, ancrée en nous. Peut-être passons-nous notre vie d'adulte à chercher ce qui nous a manqué dans l'enfance, à réparer les dégâts, à essayer de nous consoler. Ma venue au monde, à ce moment-là, n'était peut-être pas bienvenue et ma naissance est arrivée comme « un cheveu dans la soupe ». Mais je sais que tu as toujours fait le maximum pour offrir à ta famille une vie agréable. Tu m'as prise en photo alors que je devais avoir environ deux ans. Je suis sur le trottoir juste devant la maison de tes parents où vous vivez encore. Je porte une belle robe blanche et des chaussures blanches, nous revenons probablement d'une fête familiale. J'ai de longs cheveux bruns bouclés. Sur la photo, on voit l'ombre du photographe. J'aime beaucoup cette photo, car tu y apparais. Je crois que, telle une ombre, tu es toujours là pour me protéger et me guider. Ta mère m'aime beaucoup aussi, physiquement je lui ressemble. Je suis un peu la fille qu'elle n'a pas eue. Je me souviens de ses mains, noueuses aux articulations, probablement à cause du travail dans le froid, de ses éclats de rire.

Un mois après ma naissance sont signés les accords d'Évian. Le lundi 18 mars 1962, lors d'une allocution radiotélévisée, le Général de

Gaulle s'exprime et annonce enfin la fin de la guerre, ce que les Français attendent depuis longtemps. « L'Algérie dispose d'elle-même », dit-il. Le 20 mars 1962, « l'Alsace » le grand quotidien régional d'information titre en grosses lettres : « Cessez-le-feu en Algérie effectif depuis hier à midi ». « La Marseillaise » publie « Enfin ! Après sept ans, quatre mois et 18 jours, accord conclu à Évian hier à 17 h 30. » Tous les journaux annoncent la bonne nouvelle. Le 18 mars, les accords d'Évian ont mis officiellement un terme à 132 ans de colonisation en Algérie, ainsi qu'aux affrontements entre nationalistes et combattants français. Une grande victoire pour les partisans de la paix, mais elle mettra du temps à vraiment se mettre en place. Précédemment, par le référendum du 8 janvier 1961, le peuple français avait reconnu aux Algériens le droit de choisir, par la voie d'une consultation au suffrage direct et universel, leur destin politique par rapport à la République française. Le scrutin d'autodétermination aura lieu le 1er juillet 1962. Les Algériens fêteront l'indépendance de leur pays le 5 juillet. Ils sont heureux, mais leur joie est mêlée de tristesse à cause de tous les sacrifices, de tous les morts.

Mais tout le monde n'est pas d'accord avec l'indépendance d'un pays qu'ils considèrent aussi comme le leur. Un conflit aussi sanglant ne peut s'éteindre du jour au lendemain. Il a divisé non seulement les Algériens et les Français, mais aussi les Algériens entre eux et les Français entre eux. En Algérie, la violence se poursuit, ainsi qu'en France. Des opposants à la politique algérienne du Général de Gaulle tentent à plusieurs reprises de l'assassiner. Le 22 août 1962, lui et ses proches, sa femme et son gendre sortent indemnes d'une fusillade, presque miraculeusement, car la voiture à bord de laquelle ils avaient pris place est atteinte de plusieurs balles.

Ce conflit est certainement l'événement de la seconde moitié du vingtième siècle qui a le plus divisé les Français. De 1954 à 1962, il a fait chuter la quatrième République, mit au pouvoir le Général de Gaulle en juillet 1958, des jeunes furent confrontés aux dures réalités de la guerre et l'image de la « patrie des droits de l'homme » et sa devise « Liberté, Égalité, Fraternité » fut sérieusement écornée.

Quand la guerre se termine, tous les jeunes appelés sont priés de ne plus y penser, de chasser le mauvais rêve, d'oublier les 400 000 Algériens et les 35 000 Français tués. Dix fois plus d'Algériens que de Français ont perdu la vie. Après l'indépendance, des milliers de harkis seront assassinés, le chiffre exact n'est pas connu. À leur retour, les appelés doivent reprendre leur place, leur travail et rattraper le temps perdu. Souvent, ils sont malades, anxieux, brutalement vieillis par ces longs mois de guerre. « La moindre porte qui claquait, c'était un sursaut », dit l'un d'eux. La vie finit pourtant par reprendre le dessus. Mais, quelques décennies plus tard, certains ont encore les larmes aux yeux à l'évocation de certains souvenirs douloureux. Cette guerre a marqué leur vie.

Au cinéma, la guerre d'Algérie a été parfois racontée ou évoquée. Dans le film « Cléo de 5 à 7 » réalisé par Agnès Varda, en juin 1961 et sorti en avril 1962, elle parle de deux sujets tabous à l'époque, la guerre d'Algérie et le cancer. Cette maladie est tellement associée à la mort, surtout à cette époque, et la mort difficile à accepter. Comme le cancer, on évite aussi le sujet de l'Algérie. L'action du film se déroule en temps réel le 21 juin 1961 à Paris. Cléo, une jeune parisienne, a peur d'être atteinte par un cancer. Il est 17 heures. Elle doit attendre deux heures pour avoir le résultat de ses examens médicaux. Le film est historiquement daté. Dans le taxi emprunté par Cléo, on entend le bulletin d'informations réellement diffusé ce jour-là. On y parle d'émeutes dans le Constantinois, d'un procès relatif au putsch d'Alger. Le jeune homme, Antoine, qu'elle rencontre dans un parc après une errance angoissée dans Paris, est un jeune soldat en permission auprès duquel elle trouve un peu de réconfort et qui repart le soir même à destination de l'Algérie. « Oui, ce soir c'est fini. J'avais trois semaines et je n'ai rien fait. C'est trop court », lui dit-il. Cléo lui dit qu'elle attend les résultats d'un examen médical et qu'elle a peur. « Si vous étiez avec moi en Algérie, vous auriez tout le temps peur alors… Moi c'est plutôt mourir pour rien qui me désole. Donner sa vie à la guerre, c'est un peu triste. J'aurais mieux aimé la donner à une femme, mourir d'amour », lui avoue-t-il tristement. Les deux personnages se ressemblent, tous les deux sont menacés par quelque chose qui risque de les conduire vers la mort : la guerre d'Algérie pour Antoine, le soldat et le cancer pour Cléo. Ils vont échanger leur peur et vont s'apaiser mutuellement. Le film se termine par une note optimiste. Ce n'est pas le cas pour le film de Jacques Demy qui sortira deux ans plus tard, en 1964, « Les parapluies de Cherbourg ». Le film est plutôt pessimiste et la guerre est davantage présente. Un homme amoureux doit partir pour deux ans « le mariage, on en reparlera plus tard, avec ce qui se passe en ce moment en Algérie… » chante-t-il à sa fiancée. « Je ne pourrai jamais vivre sans toi… Je te cacherai et je te garderai, mais mon amour ne me quitte pas », lui chante le personnage joué par Catherine Deneuve suppliante. Il va partir et elle, enceinte, ne pouvant résister à la pression sociale, à la solitude, va se marier avec un autre. Un drame comme il devait en exister souvent à cette époque. Des couples séparés qui ne supportent pas la souffrance de l'éloignement. Combien d'histoires d'amour et de vies seront brisées par cette guerre ? Et, si ce sont les hommes que l'on envoie faire la guerre, les femmes aussi voient leur vie gâchée par le départ de leur mari ou de leur fiancé.

Aujourd'hui encore, cette guerre résonne dans la société française. Le président de la République a confié à Benjamin Stora une mission sur la mémoire de la colonisation et de la guerre d'Algérie en vue de favoriser la réconciliation entre les peuples français et algériens. Dans cette optique, l'historien a travaillé à une meilleure connaissance et compréhension de cet épisode douloureux et proposé des recommandations. Son rapport est remis en janvier 2021. Depuis plusieurs décennies, il travaille sur le sujet. Il est né en décembre 1950 et grandit dans la communauté juive de Constantine où il assiste à la guerre. Il est âgé d'à peine quatre ans quand deux soldats font irruption dans sa chambre, y installent une mitrailleuse et tirent sur des Algériens qui s'enfuient en contrebas. La guerre est enfouie dans sa mémoire d'enfant. Avec sa famille, il a quitté Constantine en 1962. Il raconte son départ : « Dans ma vie, il y aura toujours un avant et un après le 16 juin 1962. Ce jour-là, avec ma famille, nous avons quitté Constantine… J'avais douze ans. Je suis allé vers un autre univers, dans l'oubli de la société d'Algérie dans laquelle j'ai vécu, et qui reviendra hanter ma mémoire bien plus tard. » Constantine est une ville étonnante, inoubliable, la troisième d'Algérie, bâtie sur un rocher. Il s'y dégage une certaine sensualité. À l'approche de l'été, la chaleur est terrifiante la journée, il faut se protéger de la fournaise. Avant la guerre, une certaine harmonie règne entre juifs et musulmans. Mais une sorte de frontière invisible sépare le quartier dit « européen » du quartier musulman, où vivent les juifs et les musulmans. Pendant la guerre, vers 1958, les juifs, qui traditionnellement vivaient avec les musulmans dans la vieille ville, ont commencé à émigrer vers le quartier européen. La guerre sépare progressivement les deux communautés. Benjamin Stora se souvient avoir vu défiler les Algériens portant le drapeau vert, rouge et blanc avec le croissant, avoir été réveillé par le bruit des bombes de l'OAS (Organisation de l'Armée Française) qui plastiquaient les magasins musulmans. Son père, pourtant, a du mal à se résoudre à partir. Mais l'assassinat de Raymond Leyris à coups de révolver, en plein marché, le 22 juin 1961, va inciter les juifs à partir. Car Raymond, le grand maître de musique arabo-andalouse, oncle du chanteur Enrico Macias, est une personnalité connue et appréciée. C'est un choc pour la communauté juive qui décide en majorité de partir. C'est la fin de la présence séculaire des juifs, francisés dès 1870 par le Décret Crémieux. Pourtant, la plupart des juifs d'Algérie n'ont jamais mis les pieds en métropole. Comme l'ensemble des « pieds noirs », l'accueil qu'ils vont recevoir à leur arrivée sera difficile, car la France n'est pas préparée à cet exode massif. Les harkis sont souvent abandonnés à leur triste sort même si certains officiers français viennent en aide à ceux qui ont travaillé sous leurs ordres.

Tu garderas toujours cette guerre dans un coin de ta tête, mais la vie t'entraîne vers d'autres horizons. Après la naissance de deux autres filles, en 1963 et 1964, nous déménageons dans une maison plus grande, proche de celle de tes parents. Pour accueillir ta famille nombreuse, nous ne pouvons plus vivre chez eux. Tu décides alors de trouver un autre travail et de ne pas rester à la ferme. Ce n'est plus possible avec trois enfants. En ce début des années soixante, le travail ne manque pas. Ton choix reflète aussi le changement qui s'opère dans la société. Les enfants de paysans ne restent pas tous à la ferme avec leurs parents, comme c'était la tradition. Tu as plusieurs possibilités : travailler dans une laiterie, à la caisse d'épargne ou effectuer une formation pour devenir technicien d'insémination. C'est ce métier que tu vas choisir. Il se rapproche de ton rêve de devenir vétérinaire, car tu aimes les animaux et il est relié au monde agricole que tu connais bien. C'est un métier un peu original. Plus tard, je serai la seule élève de la classe dont le père exerce cette profession. Mais, c'est vrai, travailler dans un bureau ou une usine ne te convenait pas. Tu dois aller te former pendant quelques mois en région parisienne, à Rambouillet, mais vous êtes prêts, avec ta femme, à faire ce sacrifice. Un voisin et ami vous prête l'argent nécessaire, tes parents voulant te garder près d'eux, refusent de te donner de l'argent. Pour toi, retourner à l'école à plus de 26 ans alors que tu l'as quittée depuis douze ans n'est pas vraiment facile. Et puis tu es loin de ta famille pendant plusieurs mois. Mais, après ta formation, tu auras un poste et tu commenceras un travail que tu garderas jusqu'à ta retraite. Il te plaît malgré le fait que tu travailles tous mes jours, même le samedi et le dimanche matin. Vous recherchez alors un logement dans une commune plus grande. Difficilement, vous trouvez une maison de bourg à louer à une dizaine de kilomètres de celle de tes parents. Au milieu des années 1960, le bourg de cette commune est commerçant, rythmé par les foires hebdomadaires, le jeudi, qui drainent la production agricole du canton. La maison est petite, avec une minuscule cour sombre, qu'il faut partager avec d'autres locataires. Mais, pour un début, ce n'est pas si mal. Et, comme le disait ta mère, ma grand-mère « un petit chez soi, c'est mieux qu'un grand chez les autres ».

Avec ce nouveau travail, tu commences à gagner de l'argent. Vous vous achetez l'électroménager nécessaire pour une famille : le lave-linge, qui évite à ta femme la corvée de la lessive à la main, la gazinière pour cuisiner, le réfrigérateur. Ta femme s'occupe de la maison et des trois filles et comme elle, tu travailles énormément. Tu ne vois pas le temps passer. Au bout d'un an ou deux, vous trouvez une autre maison plus grande et surtout avec un jardin. Il est entouré de murs qui lui confèrent une certaine intimité. Un grand arbre permet d'y faire la sieste à l'ombre les jours d'été. Au rez-de-chaussée de la maison, il y a la pièce à vivre, avec la télévision. L'escalier mène à l'étage qui comporte deux chambres, dont une très grande où l'on peut installer trois lits. Il y a aussi un cabinet de toilette, sans douche ni baignoire, avec seulement un lavabo. C'est dans cette maison que naîtra, en août 1967, le fils que tu attendais tant. Les trois sœurs, nous sommes heureuses de la naissance de notre petit frère. La plus jeune, lorsque nous rentrons à la maison après quelques jours passés chez notre grand-mère maternelle, et que nous voyons notre frère pour la première fois, demande d'un air déçu : « Il n'y en a qu'un ? » Comme vous aviez l'habitude de nous acheter les jouets en triple exemplaire, un pour chacune, elle a dû penser que nous aurions, toutes les trois, notre bébé ! L'anecdote circulera longtemps dans la famille et fera bien rire. « Heureusement qu'il n'y en avait qu'un », dira plus tard ma mère, car il sera assez turbulent et fera beaucoup de bêtises ! Il sera « le petit dernier ».

La France est relativement calme en ce printemps 1968, elle connaît enfin la paix, une expansion économique et une modernisation industrielle. Soudainement, le 3 mai, la contestation étudiante explose. La crise de mai 1968 prend naissance dans les universités. Les étudiants s'inquiètent pour leur avenir, rejettent le système de sélection et expriment en même temps leur aspiration à une évolution libérale des mœurs. Les manifestations, qui débutent à la Sorbonne, sont réprimées par la police et l'université est fermée. À partir du 10 mai, le Quartier latin connaît plusieurs « nuits des barricades » au cours desquelles des affrontements extrêmement violents entre les étudiants et les forces de l'ordre ont lieu. Les étudiants organisent une manifestation avec les syndicats et les partis politiques de gauche le

13 mai. Elle mobilise des centaines de milliers de Parisiens. Après les manifestations, les travailleurs refusent de reprendre le travail. Ce mouvement étudiant devient social lorsque les syndicats appellent à leur tour à la grève. Pendant un mois, les manifestations et les grèves s'étendent et deviennent de plus en plus radicales. Des occupations d'usines se multiplient à Paris et en province. Les ouvriers occupent des centaines d'usines, verrouillent les portes et y mettent des drapeaux rouges. Le 20, on compte six millions de grévistes en France. La classe ouvrière réclame essentiellement des augmentations de salaire et une amélioration des conditions de travail, car la durée légale de travail est de 45 heures par semaine. Certains ouvriers en font même 48. Dans ce monde où priment la production, l'argent et le pouvoir, les manifestants souhaitent transformer la société et la rendre plus juste et plus libre. Tel un soulèvement révolutionnaire, ce mouvement menace le régime. À Paris, les murs sont recouverts de graffitis et d'affiches, des tracts sont distribués dans les rues, qui sont désormais désertées par les voitures à cause de la pénurie d'essence qui sévit. Le mouvement devient un véritable « casse-tête » pour le gouvernement. L'économie est paralysée et le pays plonge dans le chaos. C'est le plus grand mouvement social de l'après Seconde Guerre mondiale en Europe. Fin mai, certains Français, toutefois, stupéfaits devant la brutalité du mouvement et les violences, éprouvent une irritation croissante face à la paralysie du pays, la fermeture des banques, le manque d'essence. Il n'y a plus de courrier, plus d'école. Le 24 puis le 30 mai, d'un ton plus ferme, le Général de Gaulle prononce des allocutions radiodiffusées dans lesquelles il s'engage à « défendre la République » contre ses ennemis, mais se déclare prêt à opérer les réformes nécessaires. Le 30, il annonce qu'il ne démissionnera pas, que le Premier ministre Georges Pompidou restera à son poste et surtout, la décision de dissoudre l'Assemblée nationale et l'organisation de nouvelles élections législatives. En se présentant comme le garant de l'ordre, le Général fédère autour de lui toute une France inquiète. L'immense manifestation de soutien au régime sur les Champs-Élysées est une première satisfaction pour le pouvoir. Des

grèves se poursuivent néanmoins en juin. Le 9, la police essaie de déloger les occupants de la grande usine de Flins, à 40 kilomètres de Paris. Des étudiants parisiens viennent et un lycéen de 17 ans, pourchassé par les CRS lors des affrontements, meurt noyé dans la Seine le 10 juin. Les dernières grèves prennent fin et petit à petit, le travail reprend. Le gouvernement organise de nouvelles élections qu'il remporte sans difficulté, le parti gaulliste s'assurant, à lui seul, la majorité absolue des sièges, au deuxième tour le 30 juin 1968. Après avoir vacillé, le pouvoir gaulliste et les institutions sortiront renforcés par cette crise. Mais, moins d'un an plus tard, le général de Gaulle perdra le référendum du 28 avril 1969 et décidera de quitter le pouvoir. De profonds changements vont découler de ce mouvement. Les accords de Grenelle, signés le 27 mai, permettent une forte augmentation du SMIG, une hausse plus modérée des autres salaires, une diminution du nombre d'heures de travail hebdomadaire et d'autres avantages sociaux. C'est la plus importante avancée sociale depuis 1936.

Toi, tu fais plutôt partie des personnes inquiètes par cette révolte des étudiants et des ouvriers. La pénurie d'essence te déstabilise : sans essence, tu ne peux pas travailler et si tu ne travailles pas, tu ne gagnes pas d'argent. Comment alors nourrir ta famille ? Et les prix de l'alimentation, notamment, qui augmentent de façon importante, rendent la vie quotidienne de plus en plus difficile. Tout se passait tellement bien, tu avais un travail qui te plaisait et qui te permettait de vivre assez confortablement. Ces événements viennent bousculer ta vie, alors que pour certains c'est une période de joie, de rêves et d'euphorie. Toi, tu es déjà, depuis longtemps, dans le monde des adultes, avec ses responsabilités et ses soucis et tes préoccupations principales sont surtout d'ordre matériel. Tu voudrais conserver ce que tu as si difficilement acquis, ton travail, une vie, certes difficile, mais à l'abri de gros soucis financiers et qui te permet de prendre soin de ta famille. Heureusement, après sept semaines de troubles, la vie reprend son cours.

Le 4 décembre 1968, ma grand-mère maternelle décède brutalement à 58 ans, probablement d'une hémorragie cérébrale. C'est la première fois que je suis confrontée à la mort. J'ai un peu plus de six ans et je ne comprends pas vraiment ce que la mort signifie, mais j'ai conscience que je ne reverrai plus ma grand-mère. Je n'arrive pas à accepter le caractère irréversible de la mort et j'imagine qu'il existe un remède. Et, comme j'entends les adultes parler d'assurance-vie, je me dis que, si on en possède une, il est possible, en quelque sorte de ressusciter. Un jour, je pose la question à ma mère. Gênée, elle ne sait quoi me répondre. Elle ne dit rien et je comprends que l'assurance-vie ne rend pas la vie à ceux qui l'ont perdue. Je me demande alors à quoi elle peut bien servir. Ma mère a 26 ans et cette mort est un choc. Quand elle se rend chez ses parents, il faut effectuer la toilette mortuaire de sa mère. Elle en est incapable et se met à pleurer. Le médecin, qui a constaté le décès, est encore là et lui propose de lui faire une piqûre pour la calmer. Elle refuse et sort crier dehors. Sa sœur aînée fera la toilette de sa mère. Malgré mon jeune âge, je me souviens de ma grand-mère. Elle marchait péniblement avec une canne. Elle me tenait la main et restait près de moi jusqu'à ce que je m'endorme, quand, le soir, angoissée, peut-être par la nuit, je ne pouvais pas dormir. Je n'ai pas oublié ses mousses au chocolat délicieuses, les tranches de pain, enfilées sur une broche, que l'on faisait griller au-dessus du feu de la cuisinière à bois, lesquelles, léchées par les flammes, en ressortaient brunies et croustillantes, le beurre y fondait tout de suite. Ma grand-mère répondait toujours à mes questions, probablement idiotes, en disant simplement « parce que ». Cela voulait dire : c'est comme ça et je devais me contenter de cette réponse. Quand je faisais des grimaces, elle me disait que si un coup de vent passait, ma grimace resterait figée sur mon visage. Cela ne m'a pourtant pas empêchée d'en faire souvent. J'ai vu ma mère porter le deuil, s'habiller en noir pendant plusieurs mois. Mon grand-père ne s'est pas remarié et est resté seul jusqu'à sa mort en 1983 à l'âge de soixante-seize ans.

En cette année 1970, vous envisagez, avec maman, de déménager pour devenir propriétaires. La maison que nous habitons, pourtant agréable, n'a pas le confort dont vous aimeriez disposer : elle est petite, tous les enfants dorment dans la même chambre, et elle n'a pas de salle de bain, juste une petite pièce avec un lavabo. L'été, nous installons parfois une baignoire en plastique dehors pour prendre un bain. Dans un premier temps, vous avez pensé à l'acheter et à effectuer les travaux nécessaires pour lui ajouter le confort qui lui manque. Finalement, vous décidez d'acheter un terrain et de faire construire une maison. À cette époque, la maison neuve est synonyme de réussite sociale et elle permet de réaliser le rêve de beaucoup de familles de devenir propriétaires. Dans la commune où nous habitons, il y a des terrains à vendre, notamment un qui se trouve près du collège, dans lequel, d'ici quelques années, nous irons poursuivre nos études. C'est décidé, le terrain est acheté et la maison commence à être construite. Je me souviens que nous allons régulièrement voir l'avancée des travaux, depuis les fondations, jusqu'à la construction des murs, la création des pièces. C'est une des premières maisons construites dans ce secteur dans ce « chemin des vignes » où il n'y a pas encore une véritable route. Aujourd'hui, une cité est apparue avec de nombreuses habitations. Le dimanche après-midi, nous allons voir les changements réalisés dans la maison et nous avons hâte de pouvoir y emménager. Certains dimanches, alors que la maison n'est pas encore terminée, mais que la salle de bain est utilisable, toute neuve et dotée d'une baignoire, nous y passons l'après-midi et, les uns après les autres, nous prenons un bain.

Le 20 décembre 1971, juste avant Noël, nous déménageons. Le déménagement doit se faire en une journée, car il n'est pas question que les clients, qui téléphonent du matin au soir, ne puissent pas nous joindre afin de fixer les rendez-vous pour les inséminations. Nous quittons donc la « vieille maison » aux volets verts, celle que nous garderons, avec mon frère et mes sœurs, dans nos souvenirs, car nous l'aimons beaucoup. C'est aussi la maison dans laquelle est né mon petit frère, ma mère ne voulant pas aller à l'hôpital pour l'accouchement. Notre médecin de famille est venu aider maman à mettre au monde mon frère. On peut s'attacher à une maison, comme à une amie. Cette petite maison, sans salle de bain, avec seulement deux chambres, une pour les enfants, le dortoir, et une pour les parents, malgré la promiscuité et le manque de modernité, nous plaisait, surtout à cause de son jardin. La maison neuve est construite sur un grand terrain nu, sans arbre et quand nous vous faisons part de nos regrets de ne pas avoir d'arbre, et que vous nous apprenons que ceux que nous allons planter mettront plusieurs années à pousser, cela nous attriste, pour nous, plusieurs années, c'est une éternité.

Nous passons donc notre premier Noël dans la maison neuve. Elle est spacieuse, dotée d'une grande salle à manger, d'une grande cuisine qui sert de pièce à vivre et de quatre chambres. Je partage une des chambres avec une de mes sœurs. Au rez-de-chaussée de la maison, il y a un sous-sol et un garage. Nous avons tout le confort dont nous rêvions, mais commence alors une période plus difficile financièrement : il faut rembourser un emprunt, des mensualités bien plus élevées que le modeste loyer de la « vieille maison ».

Je suis en CM2 quand nous déménageons. Je me souviens du manteau bleu que je porte à cette époque, avec de la fourrure synthétique au col et aux manches. J'ai aussi un manchon en fourrure dans lequel je glisse mes mains gelées en cet hiver 1971. Une camarade, en reniflant mon manteau, me dit : « Ton manteau sent le neuf ! ». En fait, il sent la peinture fraîche !

Cette année-là, je me souviens aussi d'une chanson chantée par Nicoletta que je recopie sur un cahier, « Mamie blue » dont le texte est d'une grande tristesse. Il raconte le départ d'une jeune femme de son village natal pour vivre sa vie et, quand elle revient, la personne qui s'était occupée d'elle, une mère ou une grand-mère, est décédée. « Je suis partie un soir d'été, sans dire un mot sans t'embrasser, sans un regard vers le passé… » chante Nicoletta avec sa belle voix grave. Je l'ai d'ailleurs vue en concert à cette époque. Le maire de la commune est passionné de chansons françaises et, tous les étés, il organise des fêtes où nous pouvons aller voir des artistes chanter. Je me souviens, en plus de Nicoletta, avoir vu Stone et Charden et Sacha Distel, qui nous a bien faire rire, avec une chanson, idiote, mais drôle, qui parle d'un trou à boucher dans un seau par une personne qui n'y réussit jamais.

C'est ma dernière année d'école primaire. C'est aussi la dernière année où nous portons une blouse. Avant la rentrée, il fallait acheter deux blouses, des vêtements neufs, des chaussures. La blouse aurait eu pour utilité de gommer les différences sociales et de mettre tout le monde au même niveau. Le message que l'on souhaite transmettre aux enfants, c'est que l'on réussit sa vie grâce au travail et que notre origine sociale n'est pas déterminante. Le travail est alors une valeur fondamentale. Je n'ai pas encore lu, à ce moment-là, les écrits de Pierre Bourdieu, mais je sens bien, intuitivement, que le travail seul ne suffit pas toujours, que dès le départ les dés sont pipés et que certains ont plus de chance de réussir que d'autres. Cette blouse, censée abolir les différences entre les élèves, est finalement un simulacre d'égalité. En réalité, nous savons tous, à dix ans à peine, que la classe sociale à laquelle nous appartenons sera déterminante pour notre avenir. Et puis, cette blouse, peut-être sert-elle finalement seulement à éviter de salir nos vêtements. C'est aussi la dernière année où nous écrivons à l'encre violette, que l'on verse dans les encriers déposés dans le petit trou de nos pupitres en bois. Nous commençons aussi à utiliser le stylo-bille, beaucoup plus pratique. J'aime bien l'école et j'ai de bonnes notes. Je veux que tu sois fier de moi.

Quelque temps après notre installation dans la maison neuve commencent tes crises migraineuses, des crises tellement intenses qu'elles vont jusqu'au vomissement. Je me souviens t'avoir vu hurler de douleur en te tenant la tête entre les mains, dans la cour devant la maison. Tu consultes beaucoup de médecins, tu prends des médicaments, qui finissent par t'abîmer un rein, mais rien ne réussit vraiment à apaiser tes douleurs. Tu te demandes si l'alimentation peut avoir une incidence sur ces effroyables migraines, tu évites certains aliments, mais pendant longtemps ces douleurs vont gâcher ta vie. N'est-ce pas plutôt la préoccupation du remboursement de la maison neuve qui génère ces crises migraineuses ? Même si vous ne parlez jamais d'argent devant nous, je sens bien que, financièrement, c'est plutôt difficile pour vous. Il faut faire attention à ne pas trop dépenser. Le stress est probablement le principal responsable de tes souffrances. Finalement, quand tu arrêteras de fumer, les migraines disparaîtront.

Les remboursements de la maison ne nous empêchent pourtant pas de partir en vacances. Tous les ans, nous partons deux semaines en Vendée, les deux seules semaines de vacances que tu t'accordes dans l'année. Je me souviens des baignades, des pêches en mer où tu nous emmènes sur le bateau d'un de tes copains pêcheur. Sur une photo, à la plage, tu portes maman sur tes épaules. Elle ne paraît pas très rassurée, mais, pour la photo, elle accepte d'avoir un peu peur. Tu aimes, comme nous, ces périodes de détente avec ta femme et tes enfants, car tu travailles beaucoup le reste de l'année.

Je me souviens aussi d'être allée souvent avec toi lors de tes « tournées » quand je ne vais pas à l'école. Tu sillonnes les routes du département et fais de nombreux kilomètres d'une exploitation à une autre. Arrivé à la ferme, tu mets les protections indispensables pour réaliser l'insémination : une longue blouse bleue qui arrive jusqu'aux genoux, des bottes, des gants qui montent jusqu'aux coudes. Ce n'est pas un travail très glamour. Les odeurs des animaux ne t'incommodent pas tant puisque tu y es habitué depuis toujours. Tu patauges souvent dans la boue. Ton environnement de travail est loin d'être un lieu aseptisé. Je t'ai souvent vu effectuer le geste. Mais en général, quand je t'accompagne, je reste dans la voiture et, pour t'aider, je remplis « les papiers ». Maintenant, cela se fait sur un ordinateur, mais, à cette époque, il faut écrire tous les renseignements concernant l'exploitant et la vache que tu vas inséminer sur les feuilles d'un carnet où l'on place des carbones pour avoir plusieurs exemplaires. Les vaches portent de jolis noms : des noms de fleurs, Rose, Marguerite, ou des noms qui décrivent leur couleur, Blanchette, Noiraude… Les fermiers ont beaucoup d'imagination. Il faut aussi noter sur la feuille du carnet la semence utilisée. Il y en a de nombreuses. Elles sont stockées dans des paillettes congelées, conservées dans une bombonne remplie d'azote liquide qui est dans le coffre de la voiture. Comme nous passons beaucoup de temps sur les chemins de campagne, nous parlons ou nous écoutons de la musique, des chansons françaises que tu adores. Parfois, le dimanche matin, toute la famille t'accompagne et, dans la voiture, nous chantons à tue-tête. C'est maman qui fait le secrétariat. Souvent, le travail se termine tard et nous déjeunons au restaurant tous ensemble.

L'Algérie fait aussi partie de mon enfance. Je me souviens des Noëls de la FNACA, une association créée par les anciens combattants d'Algérie. Tous les ans, une fête est organisée, avec un spectacle et des cadeaux. Pour presque tous, les pères de mes camarades de classe ont fait leur service militaire en Algérie. Seul celui d'une de mes amies n'y est pas allé. Je me souviens lui avoir demandé pourquoi il y avait échappé. Je ne me rappelle plus exactement la raison, mais je crois qu'il avait un sérieux problème de santé. Même notre médecin de famille a passé deux ans en Algérie en tant que médecin. À cause du stress et du port de casque, il a souffert d'une calvitie précoce. La guerre a marqué physiquement et psychologiquement beaucoup de ces jeunes, pendant longtemps, même ceux qui ne tenaient pas une arme. La reconnaissance de la situation périlleuse dans laquelle ils se trouvaient est intervenue officiellement seulement bien des années plus tard. La qualité de combattant a été octroyée aux personnes ayant participé aux « opérations » en Afrique du Nord de 1952 jusqu'à l'indépendance en 1962 par une loi de décembre 1974. Depuis décembre 2018, cette carte et ses avantages est aussi octroyée aux soldats déployés après la fin de la guerre et jusqu'en 1964. Les hommes qui ont effectué leur service militaire en Afrique du Nord percevront ainsi une retraite d'anciens combattants, attribuée en principe à partir de 65 ans, même si elle peut être versée à 60 ans dans certains cas. Elle s'élève à 782 euros par an au 1er janvier 2022. Cette somme est versée semestriellement.

Quand ils perçoivent leur petite pension d'anciens combattants cinquante ans après la guerre, Rémi et ses amis, de vieux paysans retraités du Tarn, fondent l'association 4ACG (l'Association des Anciens Appelés d'Algérie Contre la Guerre). Par ce biais, ils reversent leur pension à des associations humanitaires en Algérie.

Surtout, c'est un lieu de dialogue, d'échanges qui permet à tout nouvel adhérent de raconter son histoire de la guerre, c'est pour eux une façon de lutter contre les tabous, le silence et l'oubli. Les créateurs de cette association espèrent, au-delà de la barbarie de cette guerre, rétablir un peu de fraternité entre les deux peuples.

En ces années 1970, la guerre d'Algérie est encore dans les mémoires. Mais les Français ont désormais de meilleures conditions de vie et profitent des progrès réalisés dans de nombreux domaines. Ces années sonnent aussi la fin de ce que l'on appelle les « trente glorieuses », ces années depuis la Seconde Guerre mondiale pendant lesquelles la croissance économique était très forte. Le premier choc pétrolier consécutif à la guerre du Kippour en 1973, puis le second dû à la révolution iranienne en 1979 suscitent des inquiétudes. C'est le début d'une nouvelle crise économique, avec l'augmentation du chômage. De 1974 à 1981, Valéry Giscard d'Estaing est le président de la France suite au décès de Georges Pompidou à 62 ans alors qu'il lui restait deux années de mandat présidentiel à effectuer.

Je me souviens de la terrible sécheresse de 1976, une des plus importantes de l'histoire française. Cet été-là, nous allons en Allemagne chez ma correspondante allemande. Avec ses parents et son frère, ils sont déjà venus chez nous. Nous visitons le pays, le séjour est très agréable. En cette année 1976, on enregistre des records de températures. Dès le début du mois de mai, les pluies se font rares et l'été s'avère très sec. Paradoxalement, les orages, quand il y en a, sont dévastateurs et provoquent des inondations, la grêle ravage les cultures. Les premiers incendies se déclenchent début juin en Charente, mais c'est surtout le grand incendie du zoo de La Palmyre, près de Royan, en août, qui est médiatisé. Les animaux sont évacués et près de mille hectares sont touchés dans cette zone touristique. Au total, on estime que plus de 90 000 hectares ont été brûlés au cours de cet été. Il n'y a plus d'herbe pour nourrir les animaux. Le 28 juin, un cultivateur se donne la mort, ne pouvant plus nourrir ses vaches et ne voulant pas les envoyer à l'abattoir. Il se tire une balle dans la tête. La sécheresse et les températures extrêmes provoquent de gros dégâts dans l'agriculture, la production est gravement affectée. Mi-juillet, on dépasse la température de 40° dans de nombreux départements. La France suffoque. À Paris, les conducteurs de bus se mettent en grève. Dans leurs bus dépourvus de climatisation, la température dépasse les 50°. La RATP met en place une « prime de chaleur ». Le président, Valéry Giscard d'Estaing, parle de « calamité nationale ». Une aide est versée aux agriculteurs, 2,2 milliards de francs, soit 1,3 milliard d'euros, financée en partie par un « impôt sécheresse » très impopulaire. L'impôt sur le revenu est majoré pour plus de deux millions de Français. La canicule aurait fait plus de six mille décès en surnombre. La pluie revient en septembre. L'été 1976 fait partie d'un des étés les plus chauds, mais 2022 bat peut-être le record. Exceptionnels à cette époque, les étés secs et chauds sont devenus presque la norme depuis 10 ans.

En 1977, nous allons avec Henri, sa femme et ses trois enfants dans le Cantal chez un de tes camarades rencontré en Algérie. Il nous reçoit, avec sa femme, dans sa maison et nous découvrons alors une belle région et sommes accueillis chaleureusement. Mais je regrette un peu nos vacances au bord de la mer. C'est là que j'apprends le décès d'Elvis Presley, mort le 16 août. À vrai dire, je ne le connais pas beaucoup à cette époque, j'ai 15 ans, j'ai vaguement entendu ses chansons. Sa mort me permet de le découvrir et de l'aimer. Quand je manque d'énergie, sa musique me fait du bien, notamment la musique gospel, qu'il aime et entend depuis l'enfance. Il est décédé à seulement 42 ans. Symbole du rêve américain, il est aussi celui des excès de cette Amérique, parfois un peu folle. Trop de mauvaise nourriture, trop de médicaments, trop de travail aussi, car il enchaîne à un rythme infernal les représentations sur scène, que pourtant il adore, sont responsables de son décès prématuré. Les trop nombreux concerts, notamment à Las Vegas, l'ont épuisé. Il se donnait entièrement à ses fans, surtout des femmes, n'hésitant pas à distribuer des baisers sur la bouche à celles qui le sollicitaient lors des concerts. « Par ici » criaient-elles hystériques. À cette époque, le covid n'existait pas, et partager ses microbes et ses virus ne représentait pas un problème. Lors des derniers concerts, ce sont des dizaines d'écharpes qu'il porte autour du cou quelques instants qu'Elvis distribue à ses admiratrices. Il y apparaît diminué, a beaucoup grossi, mais sa voix est intacte, toujours exceptionnelle.

Pour moi, les années 1970, ce sont les années pendant lesquelles je vais au collège, situé près de la maison. Nous rentrons déjeuner à la maison à midi, nous n'allons pas à la cantine. C'est maman qui prépare le repas. Puis, au lycée, je suis interne, car l'établissement scolaire est situé à environ trente kilomètres de la maison. C'est souvent toi qui m'y conduis le lundi matin et qui viens me chercher le vendredi. En 1980, à 18 ans, j'obtiens le baccalauréat, de justesse, à l'oral de rattrapage. La filière scientifique que j'ai suivie ne me convient pas vraiment et les notes obtenues en mathématiques et en physique sont faibles, alors que les années précédentes j'avais de bonnes notes. Vu le gros coefficient des matières scientifiques, j'ai beaucoup de points à rattraper, mais heureusement j'obtiens d'assez bonnes notes dans les autres matières et, miraculeusement, je réussis cet examen. Je me souviens de ne pas vouloir aller voir le tableau sur lequel sont inscrits les résultats. C'est une de mes camarades qui m'informe de ma réussite. Je suis vraiment très contente, je n'y croyais pas, j'ai l'impression d'être sur un petit nuage. À cette époque, j'écoute l'album de Bernard Lavilliers « Ô gringo » sorti cette année-là. Sur la pochette, il est en photo assis sur le lit d'une chambre d'hôtel miteuse. Il évoque ses voyages, le Brésil. J'aime particulièrement la chanson « stand the guetto » et sa musique reggae.

À la rentrée de l'année 1980, je commence des études à l'Université. J'habite dans une chambre universitaire pendant la semaine et le week-end, je rentre souvent à la maison. Je suis contente d'être indépendante. J'obtiens ensuite un poste de maîtresse d'internat qui me permet de poursuivre mes études jusqu'à un DESS. Je passe ensuite des concours administratifs et je deviens fonctionnaire. En 1988, je pars quelques années à Paris suite à la réussite à un concours. J'ai choisi la sécurité.

Je crois que tu étais fier de ta famille. Un soir, tu as voulu faire une photo avec ta femme et tes quatre enfants. Je me souviens que je ne voulais pas y figurer, je n'aime pas être prise en photo. Mais tu as insisté. Mon frère et mes sœurs sont assis sur le canapé. Maman est assise sur une chaise et moi par terre, déjà à l'écart. Nous sommes beaux et souriants. Je devais avoir environ 19 ans.

Le parti socialiste arrive au pouvoir lors de l'élection de François Mitterrand le 10 mai 1981. Il sera réélu le 8 mai 1988 et sera président pendant presque 14 ans. Le pays est alors en pleine mutation idéologique et sociologique. La peine de mort est enfin abolie par la loi du 9 octobre 1981. Le président en avait fait un engagement de campagne. Cette décennie est aussi le début de la réalisation de nombreuses innovations, surtout dans le domaine technologique. Le numérique s'accélère. Mais plusieurs catastrophes ébranlent le monde. Le VIH se répand sur la planète et la catastrophe de Tchernobyl, le 26 avril 1986, est le plus important accident nucléaire du vingtième siècle.

Les années passent. À la fin des années 1990, tu prends une retraite bien méritée. Tu consacres alors ton temps libre au jardinage, à la pêche et à la chasse. Tu t'occupes aussi beaucoup de tes parents vieillissants. Nous aussi, nous vieillissons. Tu auras cinq petits enfants qui t'apporteront beaucoup de joie.

Quant à moi, je n'aurai pas d'enfant. Je n'ai pas vraiment réussi ma vie sentimentale. Avec mon air fragile, j'ai rencontré des hommes qui m'ont fait souffrir, je les attirais m'a-t-on dit un jour, je n'ai pas su les choisir. À un moment, avec maman, vous vous êtes beaucoup inquiétés pour moi. Mon ami était alcoolique et violent, j'étais vraiment en danger. Quand il avait bu, il devenait incontrôlable. Un jour, il m'a menacé avec son poing en me tenant par le col, et j'ai bien cru qu'il allait me tuer. Je l'ai supplié et il m'a lâchée. Heureusement, mon instinct de survie très développé m'a permis d'éviter les coups. Il ne m'a jamais frappée. J'ai toujours su éviter les projectiles qu'il me lançait à la figure, j'ai affûté mes réflexes. J'évitais aussi de le contrarier, je changeais de pièce quand je sentais son agressivité. Un jour, il a mis un fusil sur sa tempe –, il était chasseur, – et a menacé de tirer. Le lendemain, il m'a dit que le fusil n'était pas chargé. Un autre jour, alors que je lui reprochais de dépenser tout son argent au café, il a jeté dans le salon toutes les pièces qu'il avait dans sa poche en me disant « Tu veux de l'argent, en voilà ! ». Une fois qu'il a été couché, j'ai ramassé la monnaie dispersée dans la pièce. Quand il recevait ses indemnités chômage – il ne travaillait pas, car il s'était fait retirer son permis en conduisant en état d'ivresse –, il passait la soirée au café et là, comme s'il était richissime, offrait des verres à tout le monde jusqu'à la fermeture du café. Après plusieurs soirées arrosées, il ne lui restait presque plus d'argent. Un petit jeu l'amusait beaucoup : le matin, dans le lit au réveil, il mettait un oreiller sur mon visage et simulait de vouloir m'étouffer. Au dernier moment, quand il voyait que je ne pouvais plus respirer, il enlevait l'oreiller. Sa violence et son alcoolisme lui venaient probablement de son père. Un soir, alors que j'avais préparé un repas plutôt raté, trop cuit ou pas assez, je ne sais plus, il m'a dit : « Tu vois, si ma mère avait servi un tel plat à mon père, elle se serait pris l'assiette dans la figure ! ». J'avais peur de lui, mais je ne réussissais pas à le faire quitter mon logement. Il ne voulait pas partir. Il a fallu l'intervention de ma mère, qu'il a menacée, et des forces de l'ordre pour qu'il s'en aille. Comme le logement était à mon nom et que nous n'étions pas mariés ni pacsés, les gendarmes l'ont obligé à enlever ses affaires et à partir. J'ai enfin retrouvé ma tranquillité. Cette histoire a duré seulement quelques mois, mais elle m'a profondément traumatisée.

Heureusement, j'ai vécu avec un homme plus gentil pendant treize ans. Mais, blessés tous les deux, nous n'avons pas su nous aimer. Lui aussi était fragile, il n'a jamais connu son père décédé dans un accident de voiture avant sa naissance. Je crois que ce qui nous a séparés, c'est le fait que nous ne pouvions pas avoir d'enfant. J'ai fait une fausse-couche. Je préférais adopter et lui voulait que nous commencions un parcours médical pour une procréation assistée. Je ne m'en sentais pas capable. J'avais déjà subi un examen pour examiner mes trompes qui s'est révélé être une véritable séance de torture. Nous avons commencé une procédure d'adoption, alors que je sentais que cela ne lui convenait pas. J'étais obsédée par l'idée d'avoir un enfant et tout le reste m'indifférait. Il m'a trompée. Me sentant trahie, je l'ai trompé à mon tour, pour briser définitivement le lien qui nous unissait, et je suis partie habiter ailleurs. Je ne pouvais plus rester dans cette maison, que j'aimais pourtant et dont je prenais soin, en y faisant le ménage et le rangement pour la rendre agréable. Comme la maison était près de son travail, il rentrait manger à la pause méridienne. Je le soupçonnais d'y amener sa maîtresse le midi, étant absente, car je mangeais à la cantine. Pour moi, la maison était souillée et je ne pouvais plus y rester. Je crois que tu aimais bien cet homme et que tu as été déçu de notre séparation. C'est vrai, il était drôle et sympathique. Maintenant, je me rends compte qu'il n'était pas le seul responsable de notre rupture et que j'avais aussi ma part de responsabilité. Mais je lui en ai beaucoup voulu, pendant longtemps, et j'ai fait de lui le bouc émissaire de ma vie sentimentale ratée et du fait que je n'avais pas d'enfant. J'ai refusé pendant plus de vingt ans de le revoir, alors que lui, au début de notre séparation, souhaitait que nous gardions le contact. Même à sa famille, plutôt gentille avec moi, surtout sa mère, je n'ai jamais donné de nouvelles. Notre séparation a été tellement douloureuse que j'ai vécu comme s'il n'existait plus. De temps en temps, de manière fugitive, je pensais à lui. Un soir, j'ai senti sa présence, comme s'il m'enveloppait de son amour. Mais ce moment a été tellement fugace que je ne m'y suis pas vraiment attardée. Quelque temps plus tard, un dimanche, alors que j'allais déjeuner chez ma mère, elle m'a dit, d'un air grave : « Il faut que je te dise quelque chose, Christophe est mort ». Je ne m'attendais pas à une telle nouvelle, j'étais bouleversée. Ma mère avait vu l'annonce de son décès dans le journal et avait longtemps hésité avant de me le dire. Le dimanche après-midi, nous avons recherché le journal pour connaître la date de son décès, ma mère ne s'en souvenait plus. Il était décédé depuis déjà un mois. Je n'ai pleuré que le lendemain, pendant plusieurs semaines. Tous les souvenirs que j'avais de lui, tous les sentiments enfouis, que je pensais disparus, sont réapparus. J'ai retrouvé son frère sur Facebook et le numéro de téléphone de sa sœur sur internet et ils m'ont parlé des circonstances de sa mort. Sa maladie a été fulgurante. Il est décédé d'un cancer des poumons. Il fumait. Il avait arrêté à un moment où nous étions ensemble, mais avait ensuite recommencé. Il avait pourtant une santé de fer, n'ayant jamais été malade quand nous vivions ensemble. Mais il avait des addictions et un travail stressant dans la grande distribution. Le sentiment de culpabilité me submerge et je regrette encore de ne pas avoir demandé de ses nouvelles de temps en temps. Il a fallu qu'il décède pour que je m'aperçoive que je l'aimais encore. Je veux maintenant ne me rappeler que les bons souvenirs, avant les disputes et la séparation : les moments agréables passés dans ses bras, nos vacances en Guadeloupe chez son frère, les étés passés au bord de la mer, en France et en Espagne, ou en Dordogne. La nuit, nous regardions les étoiles filantes allongés dans l'herbe. Je les loupais presque toutes, car, au lieu de regarder le ciel, je le regardais. J'ai beaucoup de regrets de ne pas l'avoir revu avant son décès. Mais j'ai aussi appris qu'il n'était pas seul au moment de sa mort, il avait une compagne avec laquelle il s'est marié à l'hôpital pour régulariser la situation. « On n'a pas le temps, si brève est la vie, pour les chamailleries, les excuses, l'animosité, les appels à rendre des comptes. On n'a que le temps pour aimer et pas un instant de plus », écrivait Mark Twain. C'est difficile d'apprendre la mort d'une personne alors que l'on n'a pas pu se réconcilier.

Je voulais que tu sois fière de moi, mais j'ai peur de t'avoir déçu. Je vis seule, je n'ai pas d'enfant, et, peut-être le pire pour toi, toi, pour qui le travail restait une valeur essentielle, j'ai démissionné d'un emploi stable et plutôt rémunérateur il y a quelques années. Je ne trouvais plus d'intérêt à mon travail. J'avais en plus souffert d'une sorte de « burn-out » quelques années plus tôt et je ne m'en étais pas vraiment remise. Me lever le matin pour me rendre à ce travail devenait pour moi de plus en plus difficile. Passer ma journée devant l'ordinateur pour effectuer des tâches qui ne m'intéressaient plus me semblait insupportable. Tu n'as pas compris ma décision, tu m'en as beaucoup voulu.

Faire que les blessures deviennent, si l'espérance l'emporte sur la souffrance, les veines dans lesquelles ne cesse de battre le sang de la vie.

Martin Gray

D'où vient-elle cette force, qui, telle une petite flamme au fond de moi, malgré les chagrins, les déceptions et les angoisses, résiste et brille encore ?

Je crois qu'elle vient des « réservoirs de bonheur », tous ces moments de joie que j'ai vécus et partagés.

Tes parents m'ont donné un bel exemple d'optimisme et de gaîté. Ta mère riait, jusqu'à la fin de sa vie, des plaisanteries de son mari. Il a vécu jusqu'à 101 ans, deux mois et cinq jours. Il voulait encore vivre, il avait un tel appétit de la vie. « Je mange comme un ogre et je bois comme un trou ! » disait-il. Sa vie exceptionnellement longue était due à sa robustesse et à une sagesse dont il a toujours fait preuve. Il disait aussi : « Il faut user de tout, mais n'abuser de rien ! » Je garde le souvenir de son caractère fort, mais aussi de sa générosité, de son humour. Un matin, la mort l'a emportée. Il s'est battu jusqu'à la fin. On l'a retrouvé les mains accrochées aux barreaux de son lit médicalisé pour essayer de se relever. Il a gardé sa lucidité jusqu'à sa mort. Les derniers jours, alité, une après-midi que je lui rendais visite au foyer-logement où il est resté quelques années, il s'est révolté de devoir rester au lit. Il voulait s'habiller et aller se promener. J'assistais, impuissante, à sa colère de ne pas pouvoir se lever et d'être cloué au lit. Un jour, alors que sa mort était imminente, toute la famille fut réunie autour de lui dans sa chambre alors que, quand il était en bonne santé, nous allions le voir séparément. « J'en ai de la chance, avait-il dit, mes petits-enfants autour de moi à m'admirer ! » Il a fait quelques séjours à l'hôpital, mais n'y est pas mort. D'ailleurs, il ne voulait pas y retourner. Il avait l'impression d'être humilié et délaissé. Lors de son dernier séjour, on l'avait mis dans une chambre au fond du couloir. Un soir, ma sœur est arrivée et il était nu dans son lit. Certains soignants sont doux et gentils alors que certains hurlent quand ils parlent aux personnes âgées, comme si elles étaient toutes sourdes, et sont dépourvus d'empathie. Dans le foyer-logement, on l'aimait bien et il se sentait à l'aise.

Parfois, il plaisantait sur la mort en disant qu'un jour il rejoindrait le « boulevard des allongés », même s'il m'avait avoué avoir peur de la mort. La terre est désormais sa dernière demeure, il repose dans un petit cimetière, à quelques kilomètres de sa maison, près de sa femme décédée onze ans plus tôt. Le jour de ses obsèques, le 15 mai 2013, il pleuvait à trombe. Les derniers jours, je lui prenais la main, alors que je ne l'avais jamais fait auparavant. Je voulais que ses derniers jours soient empreints de douceur. Dans le cercueil, il portait son élégant costume noir, une chemise blanche et une cravate noire. Quand il sortait, il voulait toujours être bien habillé. Je me souviens d'un jour où il s'était disputé avec toi : il souhaitait mettre son costume lors d'un repas de personnes âgées, alors qu'il faisait trop froid et que tu voulais qu'il porte un pull. Devant son corps sans vie, je me suis sentie démunie. Je savais qu'il n'était plus là, dans cette dépouille froide et glaciale, mais que son âme vivait encore.

Tes parents ont vécu simplement. Je les croyais pauvres, mais ils avaient de l'argent. Ils économisaient afin de ne pas être démunis en cas d'imprévus. Vingt ans avant sa mort, ton père avait fait faire le tombeau où il repose aujourd'hui, très beau, en marbre rose et gris. Les seules dépenses un peu « superflues » qu'ils s'accordaient étaient pour nous offrir des repas au restaurant, pendant lesquels nous restions des heures à table. Sur une photo, toute la famille est réunie et je regarde mon amoureux en souriant et ta mère me regarde sourire en souriant aussi. Tes parents aimaient la vie et ses plaisirs. Mais, comme toi, ils ne racontaient pas leur vie ni leurs états d'âme. Je crois que ton père a beaucoup souffert de la mort de sa femme. Un jour, alors qu'il ne la voyait pas, ma mère l'a entendu crier : « Pourquoi tu m'as laissé tout seul, pourquoi tu es partie avant moi ? » Devant nous, il était toujours calme, d'humeur égale et souriant. Tes parents ont fêté leurs soixante ans de mariage.

Je me souviens de ta mère. L'été, elle n'avait pas besoin de chapeau pour se protéger du soleil. Un mouchoir, noué aux quatre coins et posé sur sa tête, faisait l'affaire. Elle s'occupait des animaux. Elle donnait à manger aux volailles en criant « petits, petits, petits » et distribuait le grain qu'elle avait mis dans son tablier. Pour le « quatre heures », nous mangions un œuf dur frais, tout juste ramené du poulailler. Je le trouvais délicieux. Le dimanche, tes parents faisaient cuire un poulet rôti sur la cuisinière à bois. Je me souviens du feu de cheminée l'hiver qui faisait rougir la peau de mes joues, de la vie simple et en même temps luxueuse de tes parents.

Ma force me vient de tous les souvenirs heureux que j'ai vécus, même si les moments douloureux sont aussi présents. Elle vient aussi de la lecture et de l'écriture, la force que donne la réalisation d'un projet, même si je ne sais pas s'il donnera les résultats espérés. L'écriture, mystérieuse, comme la vie, décide, nous fait emprunter des chemins parfois inattendus. Parce que tu ne m'as pas tout raconté sur la guerre d'Algérie et que je ne l'ai pas étudiée pendant mes études, je me suis documenté sur le sujet et j'ai vu beaucoup d'émissions et de témoignages, j'ai lu des livres et des articles de journaux. J'ai voulu raconter ta vie afin que ton parcours sur cette terre laisse une trace, et aussi afin de ne pas m'adonner à la douleur, retrouver les moments de joie.

Les mots s'échappent et nous libèrent, l'écriture comme une envie, un besoin, une nécessité. Marguerite Duras appelait certains de ses livres des livres « organiques ». « Écrire, c'est crier sans faire de bruit », disait-elle. Écrire pour sauver sa peau, écrire, c'est tout.

Le récit autobiographique de Max Gallo, « Au nom de tous les miens » a été publié en 1971 et vendu à plus de trente millions d'exemplaires, traduit en 26 langues et adapté au cinéma. « Je n'écris pas, je crie », disait cet ancien rescapé des camps de Treblinka. Sa femme et ses enfants décèdent lors d'un incendie dans le sud de la France en 1970. L'écriture devient alors une planche de salut, une thérapie. « On peut toujours reconstruire, même sur des ruines », disait-il. Depuis le drame, il s'est remarié deux fois et est père de cinq autres enfants. Il écrira d'autres livres et vivra jusqu'à presque 94 ans. Cet homme, frappé cruellement par le malheur, nous donne, avec son témoignage, une leçon de courage, d'obstination et d'espérance.

Jean-Paul Sartre, dans son roman « les mots », explique aussi qu'il écrit pour se sauver : « ma seule affaire était de me sauver – rien dans les mains, rien dans les poches – par le travail et la foi. Du coup, ma pure option ne m'élevait au-dessus de personne : sans équipement, sans outillage, je me mis tout entier à l'œuvre pour me sauver tout entier. »

Pour lui, la bibliothèque est un temple, l'écriture, une religion, une habitude et un métier. L'écriture est un long travail ingrat, pour lequel il a toutes les patiences. Mais la lecture est une fête. Rien ne lui apparaissait plus important qu'un livre.

Comme lui, j'aime lire et écrire. La lecture m'est indispensable. Lire, c'est échapper à l'ennui et à la tristesse, c'est s'arracher à soi-même, s'oublier, se fuir, se plonger dans une autre vie. Cette double vie, cette vie parallèle m'a sauvée.

L'écriture ressemble un peu à un rendez-vous amoureux, à un voyage, à un rendez-vous avec soi-même, avec les personnes ou les personnages qui peuplent le roman. Pour moi, les personnes ont vraiment existé, peut-être n'ai-je pas assez d'imagination pour en créer d'autres. Ou plutôt, la réalité m'intéresse plus. Mais les émotions sont au rendez-vous, je ris et je pleure. Je ne sais pas ce qui m'attend, tout est imprévisible dans l'écriture, comme dans la vie.

Écrire représente aussi une échappatoire à la solitude. Que faire de sa solitude sinon lire, écrire, créer, rêver ? La solitude apparaît nécessaire pour écrire et écrire est un remède à la solitude. Dans une lettre à sa fiancée, Félice Bauer, Frantz Kafka écrit : « Écrire signifie que l'on se livre sans mesure. C'est pour cette raison que l'on ne peut jamais être assez seul quand on écrit. C'est pour cette raison qu'il ne peut y avoir assez de silence autour de soi. Quand on écrit, la nuit, elle-même, n'est pas assez nocturne. » À un ami, il écrit, que l'écriture est sa « consolation du soir. »

Verlaine décrit ainsi le travail du poète dans le recueil des Poèmes saturniens en 1866 : « C'est l'Obstination et c'est la Volonté… C'est la Volonté sainte, absolue, éternelle, cramponnée au projet… Ce qu'il nous faut à nous, c'est l'étude sans trêve, c'est l'effort inouï, le combat sans pareil, c'est la nuit, l'âpre nuit du travail, d'où se lève, lentement, lentement, l'Œuvre ainsi qu'un soleil. »

Marcel Proust décrit l'artiste comme quelqu'un qui cherche « quelque chose de différent, marche en sens contraire, fait retour aux profondeurs, où ce qui a existé gît, inconnu de nous. » « Par l'art seulement, écrit-il dans *À la recherche du temps perdu*, nous pouvons sortir de nous-même, savoir ce que voit un autre de cet univers qui n'est pas le même que le nôtre et dont les paysages nous seraient restés aussi inconnus que ceux qu'il peut y avoir dans la lune. Grâce à l'art, au lieu de voir un seul monde, le nôtre, nous le voyons se multiplier et, autant il y a d'artistes originaux, autant nous avons de mondes à notre disposition, plus différents les uns des autres que ceux qui roulent dans l'infini, et qui, bien des siècles après qu'est éteint le foyer dont ils émanaient, qu'il s'appelât Rembrandt ou Vermeer, nous envoient leur rayon spécial. »

La décision d'écrire transforme la vie de Proust : d'inutile et malheureuse, elle devient heureuse selon Roland Barthes. Il renonce à la frivolité pour se consacrer entièrement à l'écriture et en être heureux.

Martha Gellhorn, écrivaine, journaliste, correspondante de guerre et aussi une des femmes d'Hemingway, explique son besoin d'écrire : « Je veux écrire, j'aime travailler. Le travail et l'écriture sont mes refuges. Finalement, c'est la seule chose qui ne me remplit pas d'ennui, de consternation et de doute. C'est la seule chose que je sais être absolument et irrévocablement bonne en elle-même, peu importe le résultat. Je veux voyager partout, tout voir et l'écrire à ma manière. »

Annie Ernaux vient de recevoir le prix Nobel de littérature, en octobre 2022, récompensée notamment pour « le courage et l'acuité clinique avec laquelle elle découvre les racines, les éloignements et les contraintes collectives de la mémoire personnelle ». Lors d'une interview, le journaliste lui demande s'il faut du courage pour écrire, elle répond que c'est surtout une chance.

L'écriture représente une chance pour retrouver sa dignité, une arme pour se défendre, contre la société, parfois contre sa famille aussi.

La lecture, comme l'écriture, nous sert de refuge. Dès que j'ai su lire, j'ai découvert le monde merveilleux des romans. J'ai commencé à lire avec la comtesse de Ségur et « Les malheurs de Sophie ». Je m'identifiais à cette petite fille. Je préférais lire plutôt que jouer. Je me souviens d'une fête d'anniversaire chez une camarade de classe, je crois que j'avais huit ou neuf ans, tout le monde courait dans la maison et moi, au lieu de m'amuser, je préférais lire les livres que j'avais trouvés, il n'y en avait pas autant chez moi. La mère de ma camarade s'en est étonnée, « pourquoi tu ne joues pas ? » m'avait-elle demandé. Plus tard, alors que j'étais au collège, j'ai réussi à me procurer des romans gratuitement. Il n'y avait pas de bibliothèque dans la commune où nous habitions. Je m'abonnais, grâce à un coupon trouvé dans le magazine des programmes de télévision, à la sélection du Reader Digest et je recevais des livres sans payer. L'essai durait quelques mois, je recevais de beaux livres reliés, puis je renvoyais un courrier pour dire que je n'étais pas intéressée à poursuivre l'abonnement. Je ne voulais pas imposer une telle dépense. Mais je conservais les romans reçus. J'ai fait cela plusieurs fois. La joie de la lecture compensait une timidité qui allait jusqu'à l'effacement. Avec mon dos voûté, je ressemblais à la fois à une petite fille et à une petite vieille.

Aujourd'hui, je confie mes mots au papier, puis à l'ordinateur. J'écris pour toi et avec toi, pour moi et pour les autres. J'écris ce que tu m'as dit et aussi ce que tu ne m'as pas dit, mais que j'ai deviné. J'écris avec tes non-dits et tes silences. En chacun de nous subsiste une part inatteignable, mystérieuse. Maman se raconte plus facilement, c'est aussi grâce à elle que j'ai pu écrire ce livre. Je ne sais pas si ce que j'ai écrit respecte totalement la vérité, mais cela reflète plutôt ce que j'ai ressenti. Tu n'es pas vraiment mort puisqu'il y a une trace de toi dans ce livre, une trace de ta vie parfois sombre, parfois joyeuse. L'écriture, impétueuse comme la vie, m'a entraînée dans cette aventure pour essayer de te parler encore, de te comprendre, de trouver une consolation et un réconfort après le séisme et le chaos provoqués par ta mort. Nous sommes tous inconsolables, des résilients avec des souffrances à apaiser. Malgré les blessures et les chagrins, j'essaie de continuer mon chemin.

Imprimé en Allemagne
Achevé d'imprimer en janvier 2023
Dépôt légal : janvier 2023

Pour

Le Lys Bleu Éditions
40, rue du Louvre
75001 Paris